_____ 님의 소중한 미래를 위해
이 책을 드립니다.

파스칼의 팡세

인간 실존에 대한 위대한 통찰

파스칼의 팡세

블레즈 파스칼 지음 | 강현규 엮음 | 이선미 옮김

메이트북스

메이트북스 우리는 책이 독자를 위한 것임을 잊지 않는다.
우리는 독자의 꿈을 사랑하고,
그 꿈이 실현될 수 있는 도구를 세상에 내놓는다.

파스칼의 팡세

초판 1쇄 발행 2025년 7월 15일 | 지은이 블레즈 파스칼 | 엮은이 강현규 | 옮긴이 이선미
펴낸곳 (주)원앤원콘텐츠그룹 | 펴낸이 강현규·정영훈
등록번호 제301-2006-001호 | 등록일자 2013년 5월 24일
주소 04607 서울시 중구 다산로 139 랜더스빌딩 5층 | 전화 (02)2234-7117
팩스 (02)2234-1086 | 홈페이지 matebooks.co.kr | 이메일 khg0109@hanmail.net
값 12,000원 | ISBN 979-11-6002-952-9 03100

잘못 만들어진 책은 구입하신 서점에서 교환해 드립니다.
이 책을 무단 복사·복제·전재하는 것은 저작권법에 저촉됩니다.

"감정이 없다면, 우리는 비참하지 않다.
무너진 집은 비참하지 않다.
비참함은 오직 감정을 가진 존재에게만 주어지는 것이다.
그래서 비참한 존재는 인간뿐이다."

- 블레즈 파스칼(1623-1662) -

✱ 엮은이의 말 ✱

인간을 해부하고,
다시 일으켜 세우다!

신에 대한 책이기 이전에 인간에 대한 책!

블레즈 파스칼은 젊은 천재 수학자이자 물리학자였다. 열여섯에 기하학 정리를 완성했고, 스물한 살에는 세계 최초의 계산기(파스칼린)를 만들어냈으며, 진공 실험과 확률 이론까지 선도한 근대 이성의 상징이었다.

그러나 그런 그가 서른한 살에 돌연 과학을 떠났다. 바랑송 다리에서의 '신비 체험' 이후다. 그날 이후, 그는 무너지는 육신과 싸우면서도 신과 인간, 존재와 구원, 고통과 욕망에 관한 필

사적 사유를 메모지 위에 남겼다. 그 단상들이 훗날 『팡세』라는 이름으로 세상에 나왔다.

그러나 『팡세』는 전통적 철학서도, 완성된 신학서도 아니다. 처음부터 끝까지 치밀하게 논리를 전개해가는 고전 형식도 아니다. 오히려 한 천재의 내면이 산산이 부서지는 와중에도 끝내 진실에 이르고자 했던 파편의 기록, 신 앞에서 몸부림친 고독의 흔적이다. 완성되지 못한 유고였기에 오히려 더욱 진실하고 생생한 것이다.

그런 점에서 『팡세』는 17세기의 책이 아니라, 모든 시대의 책이다. 17세기 유럽의 회의주의, 신학 논쟁, 인간 실존에 대한 근본 물음이 이 책 속에서 생생하게 살아 있다. 『팡세』는 행복과 허무 사이에서 길을 잃은 현대인들에게도 여전히 깊은 울림을 전해준다.

『팡세』는 단순한 사상서가 아니다. 본래 기독교 신앙, 그중에서도 파스칼이 속한 엄격한 가톨릭 운동인 '얀세니즘'을 배경으로 쓰인 책이다. 죄, 은혜, 구원 같은 전통적 개념이 문장 곳곳에 깊이 스며 있다. 이로 인해 『팡세』는 종종 '신앙고백서'로 오해받기도 한다. 하지만 이 책이 단지 특정 교리를 옹호하려는 책이었다면, 수백 년이 지난 지금까지도 많은 사람들에게 읽히기는 어려웠을 것이다. 파스칼이 말하고자 한 것은 단지 종교의 승리가 아니라, 인간 존재에 대한 깊은 통찰이었다. 그는 누구보다 인간의 비참함과 위대함, 이성과 감정, 욕망과 공허 사이의 균열을 응시했다. 그리고 바로 그 불안정한 틈에서 출발해, 신이라는 초월적 근거를 탐색했다.

결국 『팡세』는 신에 대한 책이기 이전에, 인간에 대한 책이다. 종교를 믿지 않더라도, 파스칼의 사유는 우리 안의 흔들림을 꿰뚫고, 진실에 다가서려는 인간 정신의 위엄을 되새기게 한다.

덧없고도 위대한 인간을 위한, 파스칼의 초상

파스칼이 평생 천착한 주제는 단 하나였다. "인간이란 무엇인가?" 그 질문 앞에서 그는 냉소하지도, 도피하지도 않았다. 오히려 끝까지 직면했다.

파스칼은 인간을 "누구보다 비참하고, 누구보다 위대한 존재"라고 보았다. 그는 인간이 이성과 감정, 욕망과 두려움, 사랑과 증오, 육체와 영혼 사이에서 얼마나 흔들리는 존재인지 꿰뚫었다. 특히 그는 인간의 '오만'을 날카롭게 비판했다. 인간은 진리를 찾고자 하지만 진리를 끝내 붙잡지 못하며, 행복을 쫓지만 허무에서 벗어나지 못한다.

그러나 파스칼은 그 비참함 속에서 인간의 위대함을 보았다.

인간은 자기 기만에서 벗어날 수 있는 유일한 피조물이며, 자신의 상태를 깨닫고 반성할 수 있는 존재다. "스스로를 죄인으로 여기는 자만이 의로워질 수 있고, 자신의 무지를 아는 자만이 지혜에 이를 수 있다"는 파스칼의 통찰은 신학을 넘어 철학이며, 철학을 넘어 인간학이다.

현대의 우리는 '덜 비참해지기 위해' 생각을 멈추고 살아간다. 파스칼은 그렇게 무지하게 사느니, 차라리 비참함을 알고 위대해지기를 권한다. 이 책은 그런 파스칼의 간곡한 초대를 담은 책이다.

단 하나의 '끝까지 읽히는 팡세'를 만들다!

『팡세』는 그 깊이와 사유의 진정성에서 찬탄을 자아내지만, 아이러니하게도 끝까지 읽는 독자는 거의 없다. 그럴 수밖에 없다. 지금까지 출간된 대부분의 번역서들은 수백 개의 단상을 번호 순으로 배열하거나, 고증을 중시한 학술적 편집 방식에 머무르기 일쑤였다. 단락별로 넘실대는 주제의 변화, 논리의 비약, 암시적인 표현은 그대로 유지된 채였다.

그래서 독자는 끊임없이 방향을 잃고, 결국 책장을 덮게 된다. 『팡세』는 위대한 고전이지만, 단상 특유의 불연속성과 종교적 맥락의 난해함 때문에 독자들이 초반에서 멈추기 쉬운 대표적인 책이었다.

하지만 이 편역서는 다르다. 이 책은 학술적 번역이 아니라, 현대 독자에게 '읽히는 팡세'를 만들기 위한 실험이자 도전이다. 수백 개의 단상 가운데 현대인들에게 도움이 될 만한 중요한 사유를 중심으로 엄선한 뒤, 철저히 내용적 흐름과 감정의 결을 따라 총 7장으로 재구성했다. 책을 끝까지 읽도록 이끄는 흐름을 만들어낸 것이다. 파스칼의 문장을 가능한 한 정확히 옮기되, 고백적 문체의 호흡과 수사적 강도를 고려해 표현을 다듬었다. 독자의 흐름을 방해할 수 있는 지나친 역주나 주석은 과감히 덜어냈다. 대신 꼭 필요한 경우에만 핵심적인 해설을 최소한으로 담았다.

이 편역서는 '이해되는 팡세', '끝까지 읽히는 팡세'를 목표로 삼았다. 파스칼이 남긴 단상 하나하나의 무게를, 단순한 문장 이상의 언어로 전하고 싶었다. 『팡세』는 결코 어려운 책이 아니다. 다만 독자에게로 건네지는 방식이 너무나 어려웠을 뿐이다.

이 편역서는 전체 400여 단상 가운데 주요 단상들을 가려 뽑아, 총 7장의 흐름으로 완전히 새롭게 재구성했다. 각 장은 독립적이면서도 유기적으로 연결되어, 독자에게 사고의 점진적 전개를 제공한다.

1장에서는 인간의 비참함과 덧없음에 대해 파스칼 특유의 날카로운 문체로 폭로한다. 감정이 있어야만 느낄 수 있는 인간의 비참함, 오만함이 비참함을 인식하지 못하게 하는 구조, 그리고 결함으로 가득한 인간 존재의 불편한 진실을 가장 강렬하게 드러낸다.

2장은 왜 인간이 늘 현재의 자기와 어긋나는지를 탐색한다. 인간은 늘 현재에 불만족하며 습관과 공허한 쾌락, 과거와 미래를 오가는 감정의 파도 속에서 진정한 자기로부터 멀어진다. 언어, 생각, 배열, 미감에 이르기까지 파스칼은 인간 존재의 미묘한 어긋남을 다양한 각도에서 보여준다.

3장에서는 '소유'가 인간에게 진정한 행복을 줄 수 있는지를 묻는다. 유흥, 명예, 권세, 꿈, 집착 등 인간이 집착하는 모든 대상은 결국 권태와 비참함으로 귀결된다. 우리는 실체보다 허영을 좇고, 존재보다 보상을 원하며, 진정한 행복과 점점 멀어진다.

4장은 인간이 만든 사회적 질서와 윤리의 허상에 대해 비판적으로 조명한다. 파스칼은 법과 권위, 정의라는 이름 아래 작동하는 허구의 구조를 폭로하고, 진보의 이름으로 반복되는 악덕과 위선을 냉정하게 드러낸다. 이 장은 정치적 인간으로서 파스칼의 모습이 가장 두드러지게 드러나는 부분이다.

5장은 『팡세』의 중심축이라 할 수 있다. 여기서 인간은 '생각하는 갈대'로 정의되며, 연약함과 위대함 사이를 오가는 존재로 묘사된다. 사고할 수 있다는 점에서 존엄하지만, 동시에 감정과 쾌락에 휘둘리는 존재라는 점에서 비참하다. 이 장은 파스칼의 인간학이 가장 응축된 정점이다.

6장에서는 이성에 대한 회의를 다룬다. 이성이 진리를 밝혀줄 것이라 믿는 인간의 낙관을 파스칼은 냉정하게 해체한다. 언어의 불완전성, 이성의 오만함, 자아의 왜곡된 중심성, 법과 질서의 허구성 등이 교차하며, 인간 이성의 한계를 집요하게 파고든다.

7장은 파스칼의 종교적 신념과 구원에 관한 단상으로 구성된다. 그는 이성의 끝자락에서 신의 존재를 사유하고, 인간의 비참함과 신의 은혜가 만나는 지점을 찾으려 한다. 신의 존재를 인식하기 위해선 '마지막 한 걸음'을 내디뎌야 하며, 그 걸음은 이성이 아닌 믿음으로만 가능하다는 것이 이 장의 핵심이다.

당신에게 가장 깊은 철학서가 될 것이다!

아무쪼록 이 책을 덮을 때, 한 철학자의 사유를 넘어서 '나 자신에 대한 통찰'을 얻게 되기를 진심으로 바란다. 이 책은 더 이상 박제된 고전이 아니다. 지금 여기, 인간으로 사는 우리 모두의 이야기다.

　『광세』는 끝나지 않은 문장들로 이루어져 있다. 그래서 읽는 이마다 그 결말을 다르게 쓰게 된다. 이제 이 책은 당신의 몫이다. 비참함을 인정할 용기와, 그 속에서 위대해지려는 마음이 있다면, 『광세』는 당신에게 가장 깊은 철학서이자 가장 사적인 고백서가 되어줄 것이다.

엮은이 강현규

* 차례 *

엮은이의 말 인간을 해부하고, 다시 일으켜 세우다!　　　　　　6

1장　인간은 누구보다 비참하고, 그래서 덧없다

감정이 있어야 비참함도 존재한다	25
모두가 차례를 기다리는 형장의 사슬이다	26
인간의 행복과 불행, 모두 비참함을 증언한다	27
결함을 감추면 더 깊은 악이 된다	28
웃음거리가 되고도 혼자만 전혀 모를 수도 있다	29
모두가 솔직하면 친구는 남지 않는다	31
이익이 없어도 거짓말은 할 수 있다	32
사람은 모두 자기 위에 누구도 두지 않는다	33
인간은 자기 자신에게 하나의 전부다	34
인간의 자비는 증오의 가장이다	35
잠시라도 머물면 평판이 신경 쓰이기 시작한다	36
권세를 좇는 건 헛됨을 모르는 일이다	37
명예는 죽음에도 달콤하게 붙는다	38
인간이라는 존재는 모순된 감정의 동물이다	39
인간은 불안, 권태, 그리고 근심 속에 있다	40
하찮음이 위로도 되고 고통도 된다	41

호기심이라는 것은 결국 허영의 또 다른 이름이다	42
생각을 멈춰야 행복할 수 있다	43
세상을 바꾼 건 아주 작은 것들이었다	44
유흥 없는 젊음은 허무와 마주하게 된다	45
우리와 영원 사이엔 연약한 생명 하나뿐이다	46
진짜 두려움은 위험 속이 아니라 밖에 있다	47
인간의 희망조차 허위의 가장일 수 있다	48
인간의 오만은 비참함을 앗아가는 괴물이다	49
인간은 선도, 진리도 소유할 수 없다	50
인간은 세상에서 아무것도 진짜 가질 수 없다	51
스스로 죄인이라 여기는 이가 의로운 사람이다	52

2장 인간은 왜 늘 현재의 자기와 어긋나 멀어지는가?

병든 몸은 새로운 욕망을 만든다	57
인간의 욕망은 늘 현재를 불행하게 한다	58
공허한 쾌락이 진짜처럼 느껴진다	59
행복에 대한 환상이 우리를 속인다	60
시간은 상처와 분노를 서서히 치유한다	61
사랑은 서로 달라지며 결국엔 사라진다	62
습관은 천성을 서서히 잠식해간다	63
나이가 든다고 해서 강해지는 것은 아니다	64
불행을 걱정하다가 결국 만족을 잃는다	65
진짜 행복은 숨기려 하지 않는다	66

정말 행복하다면 피할 이유가 없다	67
화가 나야 비로소 이유를 찾게 된다	68
감정과 이지는 대화에서 자란다	69
시간은 마음에 따라 다르게 흐른다	70
인간이라는 존재는 변덕스러운 오르간 같다	71
넓게 조망하며 조금씩 아는 것이 더 유익하다	72
나는 내 안의 욕구에 맞는 사람을 원한다	73
진짜 교양인은 조용히 드러난다	74
평생의 직업조차 이성이 아닌 우연으로 택한다	75
진리를 원한다면 기꺼이 홀로 서야 한다	76
능력 있는 사람일수록 차이를 먼저 알아본다	77
처음은 끝에서야 비로소 보인다	78
말의 배열이 같아도 의미는 전혀 달라진다	79
말의 배열 차이가 전혀 다른 결과를 만든다	80
전형이야말로 모든 아름다움을 결정한다	81
대칭을 위한 가짜는 아무 의미가 없다	83
진실 없는 유쾌함은 결국 공허해진다	84
적절함을 넘는 휴식은 오히려 피로를 부른다	85
인정받고 싶다면 '결정적인' 말을 삼가라	86
인간이 쓰는 언어는 말과 말 사이의 수학이다	87
장소와 청중이 글보다 말을 돋우기도 한다	88
반복은 문맥과 흐름 속에서 판단해야 한다	89
진심 없는 사과는 불편함만 더 키울 뿐이다	90
세상의 모든 창조는 원형을 모방한다	91

3장 소유는 우리를 정말 행복하게 만들까?

행복을 갈망하지만 죽음과 비참함은 회피한다	95
인간은 현재에 거의 머물지 않는다	96
유흥은 즐겁지만 비참하게 만든다	98
안식과 소란 사이에서 인간은 방황한다	99
도박, 오락과 같은 유흥은 우리를 속인다	100
기분전환 없이는 아무도 행복하지 않다	102
완전한 휴식은 인간에겐 고통이다	103
애착을 끊으면 권태가 찾아온다	104
권세를 추구하는 것이 이상하지 않은 사회	105
확신도 기쁨도, 끝내 우리 것이 되지 않는다	106
꿈도 현실처럼 우리를 흔들며 지배한다	107
완전히 똑같은 건 자연엔 존재하지 않는다	109
우리는 실체보다 허영을 가꾼다	110
우리는 죽음 이후에도 우리 이름이 알려지길 원한다	112
칭찬받고 싶은 건 누구나 마찬가지다	113
명예를 위해서라면 죽음도 감수한다	114
인간은 존경받지 않으면 허전함을 느낀다	115
비참함을 드러내며 인간은 오만해진다	117
오만이야말로 방황하는 인간의 본성이다	118
권위 앞의 경배는 결코 진심이 아니다	119
행동의 근원은 결국 욕망과 힘이다	120
인간은 그 어떤 공로도 없이 보상을 원하는 존재다	121

인간이 만든 질서의 불완전함과 허상에 대하여

법은 관습 위에 세워진 일종의 허상이다	125
다수를 따르는 건 힘의 논리 때문이다	127
우리는 단지 확립된 것을 정의로 여길 뿐이다	128
타인에 대한 존경은 불편을 감수하겠다는 태도다	129
우리는 미덕마다 다른 감정을 요구한다	130
자연을 잃은 시, 장식과 말장난에 빠지다	131
덕을 극단으로 추구하면 오히려 악덕이 스며든다	133
악덕 간의 견제가 덕을 만든다	134
인간과 문명의 흐름은 전진과 후퇴를 반복한다	135
드물고 정교한 악은 선처럼 보이기까지 한다	136
중심에 가까운 자는 덜 흔들리기 마련이다	137
과도한 자유는 억압보다 더 해로울 수 있다	138

생각하는 갈대! 비참함과 위대함 사이의 인간

생각하는 갈대, 그래서 인간은 존엄하다	143
생각은 공간을 초월해 세계를 포괄한다	144
자기 자신을 아는 것이 모든 지혜의 시작이다	145
인간 존재에 대한 탐구는 철학의 출발점이다	146
인간은 사유를 통해 존엄을 실현한다	147
사고는 존엄하지만 품고 있는 결함도 크다	148

사유 없는 인간은 짐승이나 돌과 다름없다　　　　　　149
기억의 망각에서 나 자신의 허무함을 배운다　　　　　150
왜 우리는 그보다 그의 특성을 더 사랑할까?　　　　　151
비참함을 깨닫는 것이 인간의 위대함이다　　　　　　153
오직 감정이 있는 자만이 비참함을 알 수 있다　　　　154
동물들은 서로 미덕을 칭찬하지 않는다　　　　　　　155
위대함과 야비함 사이에 인간 본성이 존재한다　　　　156
인간은 위대함과 야비함을 함께 드러낸다　　　　　　157
인간은 자신을 사랑하고 동시에 경멸해야 한다　　　　158
진리를 보려면, 욕망부터 내려놓아야 한다　　　　　　159
쾌락에 굴복할 때 인간은 자발적 노예가 된다　　　　　160
아무리 성장해도 인간의 연약함은 계속된다　　　　　162
우리는 천사도, 짐승도 아닌, 단지 인간일 뿐이다　　　163
인간은 자기 상태조차 잘 모르는 존재다　　　　　　　165
위대한 영혼은 무지를 자각한다　　　　　　　　　　　166
모든 것을 다 아는 것보다 조금씩 아는 게 낫다　　　　168
각 미덕에 맞는 의무를 지키는 것이 중요하다　　　　　169

6장　삶의 길을 묻는 인간에게 이성은 도착지가 아니다

늘 반복되는 자연도 때론 스스로를 어긴다　　　　　　173
스스로 찾은 이유가 더 설득력 있다　　　　　　　　　174
좋은 정신은 생각을 자라게 한다　　　　　　　　　　　175
우연한 자극으로도 생각은 흔들린다　　　　　　　　　176

같은 자극에도 감정은 달라진다	177
제안의 한마디에도 판단은 쉽게 흔들린다	178
감정과 환상 앞에서 이성은 흔들린다	179
이성과 정념은 끝없는 전쟁중이다	180
자아는 중심이자 모든 갈등의 씨앗이다	181
우스꽝스런 기준도 때론 질서가 되곤 한다	183
양극단을 채울 때에야 위대함이 드러난다	185
나는 왜 지금 여기에 있는가?	186
불안한 무지보다 차라리 착각이 낫다	187
진리는 오직 한 지점에서만 제대로 보인다	188
실존적 고통 앞에서는 도덕이 학문보다 낫다	189
인간은 대가엔 민감하고 책임엔 둔감하다	190

7장 마지막 한 걸음은, 믿음이 대신 디뎌야 한다

진실은 저 너머에 있지만 인간은 보이는 것만 믿는다	195
모든 오류는 시선의 편향에서 비롯된다	196
천사를 꿈꾸다가 짐승이 되는 인간의 비극	197
순수한 진리나 선은 세상에 존재하지 않는다	198
신은 믿음의 대상이지, 이해의 대상이 아니다	200
왜 우리는 종교에 대해서만 확실함을 요구하는가?	201
진정한 두려움은 신을 의심하는 데서 온다	202
이성을 거슬러 강요하는 신앙이면 안 된다	203
단순한 어린아이가 되어야 구원받을 수 있다	204

신을 아는 자는 겸손하거나 통찰력이 있다	205
행복의 근원은 내 안이 아닌 신 안에 있다	206
진정한 위로는 자기 부정 속에서 시작된다	207
신앙을 정착시키려면 습관이 필요하다	208
믿음은 이성이 아닌 감정 속에 있어야 한다	210
절망과 오만 사이, 예수가 길이 된다	211
구원은 자신이 죄인임을 아는 데서 시작된다	212
자기 혐오와 고통을 거쳐 구원에 이른다	213
예수 없이는 신도, 인간도, 삶도, 죽음도 알 수 없다	214
신은 우리 안에 있지만 우리가 곧 신은 아니다	215
비참함의 끝에서 은혜의 문이 열린다	216
쾌락이 아닌 고통이 우리를 구원으로 이끈다	218
빛과 어둠 사이에서 신의 은혜가 드러난다	219
신의 뜻은 단순하지만 세상이 복잡하게 뒤튼다	220

Blaise Pascal

1장

인간은 누구보다 비참하고, 그래서 덧없다

감정이 있어야
비참함도 존재한다

감정이 없다면, 우리는 비참하지 않다. 무너진 집은 비참하지 않다.

비참함은 오직 감정을 가진 존재에게만 주어지는 것이다. 그래서 비참한 존재는 인간뿐이다.

모두가 차례를 기다리는
형장의 사슬이다

사슬에 묶인 수많은 사람들을 상상해보라. 그들은 모두 사형 선고를 받았고, 매일 몇몇이 다른 이들의 눈앞에서 차례로 참수를 당한다. 남은 사람들은 그 광경을 바라보며 자신도 곧 같은 운명을 맞이하리라는 사실을 절망 속에 받아들인다. 그들은 슬픔에 잠겨 아무런 희망 없이 서로를 바라보며 말없이 자기 차례를 기다린다.

이것이 바로 인간이라는 존재의 상태다.

인간의 행복과 불행,
모두 비참함을 증언한다

솔로몬과 욥, 이 두 사람은 인간의 비참함을 누구보다 깊이 이해했고, 가장 분명히 말한 이들이다. 솔로몬은 세상의 온갖 쾌락을 누린 끝에 그것이 얼마나 헛된지를 깨달았다. 욥은 극한의 고통 속에서 불행의 실체를 뼈저리게 체험했다.

솔로몬은 가장 행복한 자였고, 욥은 가장 불행한 자였다. 그러나 그들 모두, 인간이 얼마나 비참한 존재인지를 증언했다.

결함을 감추면
더 깊은 악이 된다

결함으로 가득 차 있다는 것은 분명히 악이다. 그러나 그 결함을 알면서도 인정하지 않으려는 태도는 더 큰 악이다. 그것은 스스로에게 '의도적인 환상(단순한 자기기만을 넘어 '좋은 사람'이라는 자기 이미지를 유지하려는 의도적인 심리적 회피를 의미함-옮긴이)'이라는 악을 추가하는 것이기 때문이다.

웃음거리가 되고도
혼자만 전혀 모를 수도 있다

어떤 왕이 전 유럽의 웃음거리가 되고도 정작 혼자만 전혀 눈치채지 못할 수도 있다. 나는 이것이 전혀 놀랍지 않다. 진실을 말하는 일은 듣는 사람에게는 유익하지만, 말하는 사람에게는 오히려 불이익이 된다. 왜냐하면 진실을 말하는 사람은 대개 미움을 사기 때문이다. 왕과 함께 사는 사람들은 자신이 모시는 왕의 이익보다 자기 자신의 이익을 더 소중히 여긴다. 따라서 그들은 자신이 손해를 보면서까지 왕에게 진실을 말해 이익을 가져다주려고 하지는 않는다.

이런 비극은 분명 위로 갈수록, 즉 상류사회일수록 더 뚜렷하고 더 보편적이다. 그러나 하류사회라고 해서 예외는 아니다. 왜냐하면 사람들의 사랑은 언제나 이해관계에 얽혀 있기 때문이다.

그러니 인간의 삶은 끝없는 환상의 연속일 뿐이다. 사람들은 서로를 속이고 아첨하며 살아간다. 우리 면전에서 우리가 없을 때처럼 말하는 사람은 아무도 없다. 인간관계는 이런 상호 기만을 바탕으로 맺어질 뿐이다. 만약 자기가 없을 때 친구가 자기에 대해 말하는 것을 듣게 된다면, 설령 그것이 악의 없이 한 솔직한 말이었다 해도 그 우정은 깨지고 말 것이다.

결국 인간은 자신에게나 타인에게나 가면을 쓴 존재일 뿐이며, 거짓과 위선이 인간의 본성이다. 그래서 인간은 타인이 자기에게 진실을 말하는 것을 바라지 않고, 또한 남에게 진실을 말하는 것도 피한다. 정의와 이성으로부터 동떨어져 있는 이 모든 성향은 인간 마음속 깊숙이 박혀 있는 천성에서 비롯된 것이다.

모두가 솔직하면
친구는 남지 않는다

사람들이 서로가 평소에 어떤 말을 하는지 모두 알게 된다면, 세상에 친구는 넷도 남지 않을 것이라고 나는 생각한다. 비밀을 발설해서 때때로 싸움이 일어나는 것을 보면, 그 사실을 쉽게 짐작할 수 있다.

이익이 없어도
거짓말은 할 수 있다

어느 사람이 말을 할 때 그 말에 아무런 이익이 없어 보인다고 해서, 그 안에 거짓이 전혀 없다고 단정해선 안 된다. 왜냐하면 이익과는 무관하게, 그저 속이기 위해 거짓말을 하는 사람들도 있기 때문이다.

사람은 모두 자기 위에
누구도 두지 않는다

모든 사람은 자신의 이익과 행복, 생명을 남의 것보다 더 소중히 여긴다.

이 얼마나 뿌리 깊은 착각인가! 바로 이 착각 때문에, 세상에는 자신을 타인보다 낮게 두려는 사람이 단 한 명도 없다.

인간은 자기 자신에게
하나의 전부다

    사람은 누구나 자기 자신에게 하나의 '전부'다. 자신이 죽는 순간, 자신과 관련된 모든 것이 일시에 함께 사라진다고 믿기 때문이다.

    그래서 사람은 세상의 모든 일 앞에서 언제나 자기 자신을 중심에 두려 한다. 하지만 우리는 세상을 인간의 관점이 아닌, 자연의 관점으로 바라보아야 한다.

인간의 자비는
증오의 가장이다

인간은 본성적으로 서로를 미워한다. 사람들은 자신의 욕망을 '공익'이라는 명분 아래 가능한 한 그럴듯하게 포장해왔다.

그러나 그것은 진짜 자비가 아니라, 자비처럼 보이도록 꾸며낸 가면에 지나지 않는다. 결국 그 모든 위선은 '드러나지 않은 증오'일 뿐이다.

잠시라도 머물면
평판이 신경 쓰이기 시작한다

우리는 그저 지나치는 마을에서 어떤 평판을 받든 개의치 않는다. 하지만 잠시라도 머무르게 된다면, 갑자기 그것이 신경 쓰이기 시작한다.

과연 어느 정도의 시간이, 이 헛되고 초라한 인생에 어울린다고 할 수 있을까?

권세를 좇는 건
헛됨을 모르는 일이다

'이 세상이 덧없다'는 명백한 진실은 좀처럼 받아들여지지 않는다. 오히려 '권세를 좇는 일이 어리석다'고 말하면, 사람들이 이상하게 여기고 의아해할 뿐이다.

이 얼마나 놀라운 일인가!

명예는 죽음에도
달콤하게 붙는다

명예의 달콤함은 너무도 크고 강렬하다.

그래서 그것이 어디에 붙어 있든, 심지어 '죽음'에 붙어 있을지라도, 사람들은 기꺼이 받아들인다.

인간이라는 존재는
모순된 감정의 동물이다

인간이란 얼마나 상반된 존재인가!

인간은 쉽게 믿으면서도 끊임없이 의심하고, 소심하면서도 때로는 무모하다.

인간은 불안, 권태, 그리고 근심 속에 있다

우리는 애착을 가졌던 일을 그만두었을 때, 그 자리에 권태가 스며드는 것을 경험한다. 예컨대 한 사람이 가정에서 나름 평온하게 지내다가 마음에 드는 사람을 만나거나, 며칠 동안 유쾌하게 시간을 보낸 뒤 다시 이전의 일상으로 돌아가면, 그는 이전에는 느끼지 못했던 허무와 비참함을 갑작스레 마주하게 된다.

이렇듯 인간의 삶은 언제나 불안과 권태, 그리고 근심 속에 놓여 있다. 이런 일은 결코 드물지 않다.

하찮음이 위로도 되고 고통도 된다

하찮은 것이 우리를 위로하는 것은, 하찮은 것이 우리를 괴롭게 하기 때문이다.

호기심이라는 것은
결국 허영의 또 다른 이름이다

사람들은 대부분, 누군가에게 말하기 위해 알고 싶어 한다. 만약 그 지식을 말할 수 없다면, 사람들은 굳이 바다를 건너 여행하려 하지 않을 것이다. 본 것을 전할 수 없고, 본 것에 대해 아무 말도 할 수 없다면, 오직 '보는 즐거움'만으로 그 먼 길을 떠날 사람이 과연 몇이나 될까?

호기심은 결국 허영심의 또 다른 이름일 뿐이다.

생각을 멈춰야
행복할 수 있다

　인간은 죽음과 비참함, 그리고 무지를 근본적으로 치유할 수 없다. 그래서 결국 행복해지기 위해 그에 대해 '생각하지 않기로' 선택했다.

세상을 바꾼 건
아주 작은 것들이었다

　인간 존재의 덧없음을 온전히 이해하고자 하는 사람은, 사랑이라는 감정의 원인과 결과를 들여다보라. 그 원인은 대개 '무엇인지 알 수 없는 어떤 것'에 지나지 않는다. 그리고 그 결과는 실로 끔찍하다.

　사람들이 알아차릴 수도 없는 미세한 '어떤 것'이 온 땅과 군주들, 군대와 전 세계를 뒤흔들기도 한다. 클레오파트라의 코가 조금만 낮았더라면, 세상의 역사는 완전히 달라졌을지도 모른다.

유흥 없는 젊음은
허무와 마주하게 된다

세상의 허무함을 모르는 사람! 그 존재야말로 오히려 가장 허무하다.

소음과 유흥, 미래에 대한 기대에 사로잡힌 젊은이들을 제외하곤, 도대체 누가 이 허무를 모를 수 있겠는가? 젊은이들에게 유흥을 빼앗아버리면, 그들은 곧 지루함에 시들어가고 말 것이다. 그리고 그때, 그 젊은이들은 자신도 모르게 '허무'와 마주하게 된다.

즐거움 하나 없이 자기 자신을 들여다보는 순간, 견딜 수 없는 슬픔이 밀려온다. 그것이야말로 진짜 불행이다.

우리와 영원 사이엔
연약한 생명 하나뿐이다

　우리와 천국 혹은 우리와 지옥 사이에는(파스칼은 인간의 삶을 영원한 운명에 이르기 위한 중간지점으로 봄-옮긴이), 단지 세상에서 가장 연약한 생명 하나만이 있을 뿐이다.

진짜 두려움은
위험 속이 아니라 밖에 있다

위험 안이 아니라 위험 밖에서 죽음을 두려워하라. 왜냐하면 인간이어야 하기 때문이다.

인간의 희망조차
허위의 가장일 수 있다

난처한 상황 속에서도 늘 희망을 말하며, 행복이 다가올 것처럼 행동하는 사람들이 있다. 그런데 그들이 나쁜 일 앞에서도 조금도 상심하지 않는다면, 그 희망은 진짜가 아니라, 실패 속에서조차 묘한 쾌감을 느끼는 사람처럼 보일 수 있다.

그들이 집요하게 '희망의 구실'을 찾는 이유는, 정작 그 사건에 깊은 관심이 있음을 드러내기 위함이며, 실패에 대한 실망을 '기쁨인 척' 감추기 위한 가장에 불과할 수도 있다.

인간의 오만은
비참함을 앗아가는 괴물이다

　인간은 어떤 자리에 자신을 두어야 하는지 모른다. 인간은 분명 길을 잃었고, 본래 자리에서 떨어져 그 자리를 되찾을 수 없다. 헤아릴 수 없는 어둠 속에서 불안하게 여기저기를 찾아 헤매지만, 아무 성과도 없다.

　인간은 자신이 어디에 있어야 할지도 모른다. 길을 잃었고, 본래 있어야 할 자리에서 벗어나 다시 그 자리를 찾아갈 수도 없다. 결국 인간은 헤아릴 수 없는 어둠 속에서 불안하게 방황하며 이곳저곳을 더듬는다. 하지만 인간은 끝내 아무것도 얻지 못한다.

인간은 선도, 진리도
소유할 수 없다

    인간의 모든 활동은 '선(善, 파스칼에게 있어 선은 인간이 끊임없이 추구하지만 결코 완전히 소유할 수는 없다고 본 종교적·윤리적 완전성, 혹은 절대적 진리를 뜻함—옮긴이)'을 얻기 위한 몸부림이다. 그러나 인간은 그 선을 정당하게 소유하고 있다는 어떤 증거도 내세울 수 없다. 왜냐하면 인간은 오직 일시적인 욕망만을 가질 뿐, 선을 확실히 소유할 능력조차 없기 때문이다.

    학문도 예외는 아니다. 병에 걸리면, 그토록 집착하던 학문조차도 쉽게 내던져버린다. 결국 우리는 진리도, 선도 끝내 붙잡을 수 없다.

인간은 세상에서
아무것도 진짜 가질 수 없다

인간의 모든 활동은 무언가를 소유하고자 하는 욕망, 즉 '이익'을 얻기 위한 몸부림이다. 그러나 인간은 그것을 소유할 정당한 자격도 없고, 소유할 수 있는 능력도 없다.

학문도, 쾌락도 예외는 아니다. 우리는 진리도 얻지 못하고, 이익조차 온전히 소유하지 못한다.

스스로 죄인이라 여기는 이가
의로운 사람이다

인간은 단 두 부류뿐이다. 하나는 스스로 죄인이라 생각하는 의로운 사람이고(파스칼은 루터 이후의 개신교적 신학 전통에 따라 '의인'은 자신의 죄를 자각한 자라고 봄-옮긴이), 다른 하나는 스스로 의롭다고 여기는 죄인이다.

Blaise Pascal

2장

인간은 왜 늘 현재의 자기와 어긋나 멀어지는가?

병든 몸은
새로운 욕망을 만든다

사람들은 건강할 때는 '아프면 어떡하지' 하고 걱정하지만, 막상 병이 들면 순순히 약을 받아들인다. 병이 그렇게 만든다.

사람들은 건강할 때 누리던 유흥이나 산책에 대한 욕망과 열정을 더 이상 품지 않는다. 그런 욕망은 병든 몸이 요구하는 상태와 공존할 수 없기 때문이다. 이때 자연은 새로운 상황에 걸맞은 욕망과 열정을 우리 안에 불러일으킨다.

우리를 불안하게 만드는 건 자연이 아니라 우리 스스로 만들어낸 두려움이다. 두려움이란 현재의 상태에 존재하지도 않는 욕망을 끼워넣는 일이기 때문이다.

인간의 욕망은
늘 현재를 불행하게 한다

자연은 어떤 상태에 있든 우리로 하여금 만족하지 못하게 만든다. 우리의 욕망은 우리에게 '행복할 법한 상태'를 보여줄 뿐이다. 왜냐하면 욕망은 지금 우리가 처한 현실에, 우리가 누리지 못하고 있는 쾌락을 덧붙이는 것이기 때문이다.

설령 우리가 그 쾌락을 실제로 얻게 되더라도, 그것이 곧 행복으로 이어지지는 않는다. 왜냐하면 우리는 곧 그 새로운 상태에 익숙해지고, 거기에 또 다른 욕망을 더하게 될 것이기 때문이다. 이처럼 보편적인 진리를, 구체적인 사례를 통해 확인해보아야 한다.

공허한 쾌락이
진짜처럼 느껴진다

지금 누리는 쾌락은 허위처럼 느끼면서도, 아직 갖지 못한 쾌락의 공허함은 인식하지 못하기 때문에 우리는 자꾸만 마음을 바꾼다.

행복에 대한 환상이
우리를 속인다

우리는 누군가의 지배적인 열정을 알게 되면 그의 마음을 이해하고 공감할 수 있으리라 믿는다.

그러나 정작 사람들 스스로가 생각하는 '행복'조차, 실제 행복과는 서로 어긋나는 환상에 불과한 경우가 많다. 이는 놀라울 만큼 기이한 일이다.

시간은 상처와 분노를
서서히 치유한다

    시간은 고통과 다툼을 천천히 치유한다. 왜냐하면 시간 속에서 우리는 변화하기 때문이다.

    이제 우리는 더 이상 과거의 우리와 같지 않다. 공격했던 사람도, 공격받았던 사람도 모두 달라져 있다. 마치 우리가 한때 분노했던 민족을 두 세대가 지난 뒤에 다시 만나는 것과 같다. 세월이 지나도 그들은 여전히 프랑스인이지만, 그때 그 사람들은 아니다.

사랑은 서로 달라지며
결국엔 사라진다

그는 10년 전 사랑했던 사람을 이제는 더 이상 사랑하지 않는다. 나는 당연히 그럴 거라 생각한다.

그녀도 예전과 같지 않고, 그 역시 이미 변했다. 한때는 그도, 그녀도 젊었다. 하지만 지금의 그녀는 그때와 완전히 다른 사람이 되었다. 어쩌면 그녀가 여전히 예전 그대로였다면, 그는 지금도 그녀를 사랑할 수 있었을지 모른다.

습관은 천성을
서서히 잠식해간다

　아버지는 자식에게 타고난 사랑이 언젠가 사라질까 두려워한다. 그렇다면 그렇게 사라질지도 모르는 '천성'이란 도대체 무엇인가?

　습관은 최초의 천성을 서서히 무너뜨리는 '제2의 천성'이다. 그렇다면 천성이란 정말 고정된 본성인가, 아니면 일찍 형성된 습관일 뿐인가? 나는 두렵다. 천성이란 것도 결국, 습관처럼 후천적으로 길들여진 무언가에 불과할지도 모른다는 생각이.

나이가 든다고 해서
강해지는 것은 아니다

　자신이 더럽힌 얼굴을 보고 스스로 놀라 도망치는 아이들. 그들은 아직 어린 존재다. 그러나 그렇게 연약했던 이가, 단지 나이가 들었다는 이유만으로 강해질 수 있을까? 그저 생각이 달라졌을 뿐이다.

　발전을 통해 완성되는 모든 것은, 결국 그 발전 속에서 소멸하기도 한다. 연약했던 존재는 본질적으로 결코 절대적인 강함에 도달할 수 없다. '그는 자랐다' '그는 변했다'고 말하지만, 그는 여전히 같은 사람일 뿐이다.

불행을 걱정하다가
결국 만족을 잃는다

　우리는 너무나 불안해서, 지금의 상태가 망가지면 어쩌나 걱정하느라 어떤 것도 온전히 누리지 못한다. 실제로 많은 일들이 그렇게 무너질 수 있고, 과거에도 종종 그렇게 무너져왔다.

　그러나 불행을 미리 걱정하지 않고, 지금 주어진 행복을 기꺼이 누릴 줄 아는 사람은 진정한 요점을 깨달은 사람이다. 그 요점이란 바로 '멈추지 않는 흐름'에 몸을 싣는 것이다.

진짜 행복은
숨기려 하지 않는다

"이 세상 어디에서든 쉴 곳을 찾는다."

만약 우리가 진정으로 행복하다면, 그 행복을 지키기 위해 굳이 그것을 외면하거나 회피할 이유가 없다.

정말 행복하다면
피할 이유가 없다

우리가 정말 행복한 상태에 있다면, 그 사실로부터 굳이 마음을 돌릴 필요는 없을 것이다.

화가 나야
비로소 이유를 찾게 된다

드 로아네씨(파스칼의 친구이자 『팡세』의 주요 독자 중 한 명-옮긴이)가 말했다. "이유는 나중에 내게로 온다. 하지만 처음에는 이유를 알지 못한 채 어떤 일에 기뻐하기도 하고 화를 내기도 한다. 그런데 나를 화나게 한 것은 단지 나중에 알게 된다는 그 이유 때문이다."

하지만 나는 그 이유를 나중에 알게 되었다고 화가 난 것이 아니라 화가 났기 때문에 이유를 알게 된 것이라고 생각한다.

감정과 이지는
대화에서 자란다

이성이 상하듯, 감정도 상처받을 수 있다. 이지와 감정은 대화를 통해서 자라기도 하고, 그 대화 속에서 쉽게 무너지기도 한다.

좋은 대화든 나쁜 대화든, 우리 내면을 형성하거나 파괴하는 힘을 가지고 있다. 그래서 우리는, 그것에 휘둘리지 않기 위해 무엇과 어떤 대화를 나눌지를 잘 선택해야 한다. 하지만 문제는, 이미 건강하게 형성된 이지와 감정이 없다면 그런 선택조차 제대로 할 수 없다는 점이다.

결국 이것은 일종의 순환 구조를 만들어낸다. 그리고 이 순환에서 벗어난 사람만이, 비로소 진정한 평온에 닿을 수 있다.

시간은 마음에 따라
다르게 흐른다

　기준 없이 사물을 판단하는 사람과 기준이 분명한 사람의 차이는, 마치 시계를 가진 사람과 그렇지 않은 사람이 시간을 다르게 느끼는 것과 같다. 한 사람은 "두 시간이나 지났네"라고 말하고, 다른 사람은 "고작 45분밖에 안 됐네"라고 말한다. 나는 내 시계를 보며 전자에게 "당신은 꽤 지루하셨나 봅니다"라고 말한다. 그리고 후자에게는 "시간이 짧게 느껴지셨군요"라고 말한다. 실제로는 한 시간 반이 흐른 것이다.

　어떤 이들은 내가 상상으로 시간을 판단한다고 말하지만, 나는 개의치 않는다. 그들은 내가 객관적인 시계(여기서 시계는 '객관적 기준'의 은유로 사용됨-옮긴이)를 기준으로 말하고 있다는 사실을 알지 못한다.

인간이라는 존재는
변덕스러운 오르간 같다

우리는 사람을 대할 때, 마치 보통의 오르간을 연주하듯 하면 될 거라고 생각한다. 물론 그것도 오르간이지만, 이 오르간은 유난히 변덕스럽고 불안정하다. 평범한 오르간만 연주할 줄 아는 사람은, 이 오르간에서 조화로운 화음을 낼 수 없다.

진짜 문제는 건반이 어디에 있는지조차 쉽게 알 수 없다는 점이다.

넓게 조망하며
조금씩 아는 것이 더 유익하다

우리는 모든 것을 완전히 알 수 없기에, 오히려 모든 것을 조금씩 아는 쪽이 더 낫다. 한 가지를 깊이 파고드는 것보다, 세상을 넓게 조망하는 보편성이 더 큰 가치를 지닌다. 이런 식의 보편성은 지식 속에서도, 삶의 태도 속에서도 가장 아름답다. 물론 깊이와 넓이를 동시에 가질 수 있다면 가장 이상적이겠지만, 하나를 택해야 한다면 나는 이 보편성을 택하겠다.

세상도 그것을 알고, 자주 그렇게 선택해 왔다. 그런 점에서 세상은 때로 놀라울 만큼 올바른 판단을 내린다.

나는 내 안의 욕구에
맞는 사람을 원한다

    인간은 수많은 욕구로 가득 찬 존재다. 그래서 우리는 그 모든 욕구를 채워줄 수 있는 사람에게만 끌린다. "훌륭한 수학자가 있다"고 말해도, 나는 수학 따위엔 아무 관심이 없다. 그는 나를 하나의 계산 문제나 추론의 명제로 여길지도 모른다. "훌륭한 군인이 있다"고 해도, 그는 나를 포위된 요새처럼 볼지도 모른다.

    그러므로 나는 내 안의 다양한 욕구에 고루 반응할 수 있는 '교양인'이 필요하다. 인간 전체를 이해할 줄 아는 사람, 단편이 아닌 전체로 다가오는 사람 말이다.

진짜 교양인은
조용히 드러난다

그는 '수학자' '설교자' '웅변가'로 불리기보다, 그저 '교양인'이라 불려야 한다. 내 마음에 드는 건, 특정 재능이 아니라 이 보편적 자질 하나뿐이다. 어떤 사람을 보며 그의 저서부터 떠올린다면, 그건 좋지 않은 신호다.

나는 사람들이 내 재능을 과장 없이, 필요할 때에만 자연스럽게 접하길 바란다. 어떤 하나의 능력에 사로잡혀 그것으로만 규정되는 것이 두렵기 때문이다.

말을 잘한다는 사실이 문제가 될 일이 없다면, 굳이 말을 잘하는 사람으로 기억될 필요는 없다. 하지만 말이 꼭 필요한 순간이라면, 그땐 그렇게 기억되어야 한다.

평생의 직업조차
이성이 아닌 우연으로 택한다

　모든 것은 하나이면서도, 동시에 서로 다르다. 인간의 본성 안에는 얼마나 다양한 성향과 가능성이 공존하는가!

　세상에는 무수한 직업이 있고, 삶의 길도 셀 수 없이 많다. 하지만 우리는, 단지 그 순간 듣고 싶었던 인정의 말 한마디에 이끌려 어쩌면 우연히, 무심코 평생의 길을 선택해버린다. 이 얼마나 기묘한 일인가. 삶 전체를 이끌 중요한 선택이, 가장 이성적이어야 할 그 결정이, 오히려 가장 감정적인 충동에서 비롯되다니.

진리를 원한다면
기꺼이 홀로 서야 한다

우리는 우리와 비슷한 사람들과 어울리며 잠시 안도하고 위안을 느낀다. 하지만 그들 역시 우리처럼 비참하고 무력한 존재들일 뿐, 진리를 향한 길에서는 결국 아무도 우리를 도와줄 수 없다.

우리는 모두 홀로 죽음을 맞이하게 될 것이다. 그렇다면 지금 우리는, 혼자인 사람처럼 살아야 한다.

화려한 집을 지을 것인가? 아니면 망설이지 말고 진리를 좇을 것인가? 만약 누군가 그것을 외면한다면, 그는 진리보다 사람들의 존경을 더 귀하게 여긴다는 사실을 스스로 드러내는 셈이다.

능력 있는 사람일수록
차이를 먼저 알아본다

능력이 있는 사람일수록, 세상에 얼마나 다양한 독창성이 존재하는지를 안다.

반면 평범한 사람은, 사람들 사이의 차이를 거의 알아채지 못한다.

처음은 끝에서야
비로소 보인다

하나의 작품을 만들고 나서야, 비로소 처음에 무엇을 놓았어야 했는지를 깨닫는다.

말의 배열이 같아도
의미는 전혀 달라진다

　내가 새로운 말을 하지 않았다고는 말하지 말라. 새로운 것은 '내용'이 아니라 '배열'이다. 예를 들어 공놀이를 할 때, 두 사람이 같은 공을 쓰더라도 누가 어떻게 배치하느냐에 따라 그 놀이의 품격은 전혀 달라진다.

　나는 기꺼이, 내가 오래된 단어들을 쓰고 있다고 인정하겠다. 하지만 마치 같은 생각들이 배열만 달라져도 전혀 다른 담화가 되듯, 같은 단어들 역시 배열에 따라 전혀 다른 생각을 만들어낼 수 있다.

말의 배열 차이가
전혀 다른 결과를 만든다

말이 어떻게 배열되느냐에 따라 의미는 달라지고, 달라진 의미는 사람의 이해와 행동을 바꾸며, 결국 전혀 다른 결과를 낳는다.

같은 말도 다르게 배열되면, 완전히 다른 세계를 불러올 수 있다.

전형이야말로
모든 아름다움을 결정한다

　우리의 본성이 강하든 약하든, 우리가 아름답다고 느끼는 모든 것 뒤에는 우리의 감성과 특정 사물 사이에 맺어진 어떤 '전형(典型, ideal form, 이상적 모델 또는 이데아적 형태를 뜻함-옮긴이)'적 관계가 있다. 이 전형에 따라 만들어진 것은 무엇이든 우리의 마음을 끌어당긴다. 집, 노래, 담화, 시, 산문, 여자, 새, 강, 나무, 방, 옷 등 형태는 달라도 전형은 하나다. 반대로, 이 전형에 맞지 않게 만들어진 모든 것은 좋은 취향을 가진 사람들의 눈에 들지 않는다.

　좋은 전형으로 만들어진 노래와 집 사이에는, 비록 서로 다른 대상일지라도 완벽한 조화가 존재한다. 그것들이 각기 다르면서도 동일한 본형(本形, original pattern, 모든 아름다움의 모태가 되는 원형 또는 근원적 구조를 뜻함-옮긴이)을 닮고 있기 때문이다.

그런데 흥미롭게도, 나쁜 전형들 사이에도 일정한 조화가 있다. 나쁜 전형은 단 하나만 있는 것이 아니라, 무수히 많다. 예컨대 엉성한 시 한 편은, 그 잘못된 전형으로 지어진 집이나 그 전형에 맞춰 옷을 입은 여인과 기이할 정도로 닮아 있다. 그래서 나쁜 시가 얼마나 우스꽝스러운지를 알고 싶다면, 그 시가 닮고 있는 전형을 떠올려보고, 그 전형에 따라 지어진 집이나 차려입은 여인의 형상을 상상해보라. 그 상상만으로도, 그 시의 결함은 즉시 드러날 것이다.

대칭을 위한 가짜는
아무 의미가 없다

문장을 억지로 늘여 대구를 맞추려는 사람은, 대칭을 위해 집에 '가짜 창문'을 다는 사람과 같다.

그들의 관심은 올바른 내용을 전하는 데 있지 않고, 그저 겉보기 좋은 형식을 만드는 데 있을 뿐이다.

진실 없는 유쾌함은
결국 공허해진다

유쾌함도, 현실성도 필요하다. 하지만 그것들은 반드시 '진실' 위에 놓여 있어야 한다.

진실에서 나오지 않은 유쾌함은, 결국 가벼움에 머물고 말기에 공허해진다.

적절함을 넘는 휴식은
오히려 피로를 부른다

정신이 정말로 피로할 때가 아니라면, 그저 기분 전환을 이유로 정신을 다른 곳으로 돌려선 안 된다. 휴식은 정확히 필요한 순간에만 주어져야 하며, 그때를 지나쳐 버리면 오히려 피로보다 더 큰 진력이 찾아온다.

적절함을 넘는 휴식은 정신을 무디게 만들고, 도가 지나치면 결국 모든 것으로부터 도망치고 싶어지는 상태에 이른다. 그것은 더 이상 회복이 아닌, 현실에 대한 탈출이 되어버린다.

한편 간교한 욕망은 우리에게 쾌락을 주지도 않으면서 그 대가만을 요구한다. 쾌락은 우리가 원하는 모든 것을 얻기 위해 지불하는 화폐와 같지만, 그 쾌락조차 누리지 못한다면 우리는 값만 치르고 아무것도 얻지 못하는 셈이다.

인정받고 싶다면 '결정적인' 말을 삼가라

사람들이 당신을 좋게 생각하길 바라는가? 그렇다면, 결정적인 '그것'을 말하지 말라.

인간이 쓰는 언어는
말과 말 사이의 수학이다

언어는 숫자와 같다. 그 안에서 중요한 것은 문자가 아니라, 말과 말 사이의 질서와 관계다.

그래서 우리는 모르는 언어조차 일정 부분 '판독'할 수 있다. 그러나 역설적이게도, 그 언어를 쓰며 살아가면서도 우리는 정작 그것을 '판단'하지는 못한다.

장소와 청중이
글보다 말을 돋우기도 한다

말은 잘하지만 글은 잘 쓰지 못하는 사람들이 있다. 그 차이는 '장소'와 '청중'이라는 자극 때문이다.

이러한 외적 자극은 그들 안에 숨어 있던 것을 불쑥 끌어내고, 그들조차 미처 알지 못했던 감정과 언어를 입 밖으로 터뜨리게 한다.

반복은 문맥과 흐름 속에서
판단해야 한다

 어떤 담화에서 반복되는 표현이 눈에 띌 때, 그것을 고치고 싶다는 충동이 들 수 있다. 그러나 만약 그 반복이 문장의 흐름 안에서 꼭 필요한 것처럼 느껴진다면, 그건 '그대로 두라'는 표시다.

 반복을 무조건 고치려는 욕망은, 반복 자체가 아니라 흐름의 리듬을 읽지 못하는 맹목에서 비롯된다. 왜냐하면 이 경우 적용 가능한 일반 규칙이란 존재하지 않기 때문이다.

진심 없는 사과는
불편함만 더 키울 뿐이다

나는 이런 인사말이 언짢다. "폐를 많이 끼쳤습니다." "혹시 당신을 곤란하게 할까봐 걱정됩니다." "너무 오래 기다리게 해서 죄송합니다."

이런 말 앞에서 나는 결국 두 가지 중 하나의 반응을 하게 된다. 맞춰서 예의 있게 받아주거나, 괜히 화를 내거나.

세상의 모든 창조는
원형을 모방한다

　자연은 스스로 변화하면서, 그 변화 속에서 본래의 질서를 되풀이하고 모방한다. 인공은 자연이나 이상을 모방함으로써, 이전에 없던 새로운 형태를 만들어낸다.

　자연은 안에서부터 밖으로, 인공은 밖에서부터 안으로 작동한다. 그러나 결국 양쪽 모두, 어떤 '원형'에 접근함으로써 자기 완성에 이른다.

Blaise Pascal

3장

소유는 우리를 정말 행복하게 만들까?

행복을 갈망하지만
죽음과 비참함은 회피한다

비참함 속에서도 인간은 끊임없이 행복을 추구하고, 오직 행복만을 원한다. 그리고 행복을 바라지 않을 수 없는 존재이기도 하다. 그러나 정말 그렇게 행복해질 수 있을까? 그러려면 죽음을 피해야 할 텐데, 그것은 불가능하다.

그래서 인간은 그런 생각 자체를 회피하는 방법을 고안해냈다. 죽음과 비참함, 무지를 치유할 수 없다는 현실 앞에서, 인간은 스스로를 위로하기 위해 애써 그런 생각들을 외면하기로 한 것이다.

인간은 현재에
거의 머물지 않는다

우리는 거의 언제나 현재에 머물지 않는다. 과거를 회상하고, 다가오지도 않은 미래를 재촉하듯 서두른다. 너무 빨리 흘러가려는 시간을 붙잡기 위해 과거를 더듬고, 너무 성급하게 우리 것이 아닌 시간 속을 떠돌며, 정작 우리가 속한 유일한 시간인 '지금'은 망각한다.

존재하지 않는 시간에 헛되이 마음을 쏟고, 눈앞에 있는 유일한 시간은 무심코 흘려보내는 이유는 무엇일까? 현재는 대부분 우리를 괴롭히기 때문이다. 그래서 우리는 현재를 시야 밖으로 밀어낸다. 만약 현재가 유쾌하다면, 우리는 그것이 곧 사라진다는 사실에 아쉬움을 느낄 것이다. 우리는 미래가 주는 희망으로 현재를 버티려 하고, 아무런 확신도 없는 시간을 위해 무리하게 우리의 삶을 설계한다.

스스로의 생각을 살펴보라. 대부분은 과거와 미래로 가득 차 있을 것이다. 현재에 집중된 생각은 거의 없다. 만약 있다면, 그것조차도 대개 미래를 준비하는 도구로서 사용될 뿐이다. 현재는 결코 우리의 목적이 아니다. 과거와 현재는 모두 수단이고, 오직 미래만이 우리가 지향하는 끝이다.

결국 우리는 '살고 있는 것'이 아니라 '살고 싶어 하는 것'일 뿐이다. 항상 행복해질 준비는 하면서도, 결코 행복해지지 못하는 이유는 바로 여기에 있다.

유흥은 즐겁지만
비참하게 만든다

비참한 인간을 위로해주는 것은 오직 유흥뿐이다. 그러나 바로 그것이야말로 인간의 가장 큰 비참함이다.

유흥은 무엇보다도 사고를 방해하고, 우리를 모르는 사이에 자기 자신으로부터 멀어지게 만든다. 유흥이 없으면 우리는 지루함에 빠지게 되지만, 그 지루함은 때로 더 근원적인 탈출구를 찾도록 이끈다. 유흥은 분명 즐거움을 주지만, 그것은 자각하지 못한 채 우리를 서서히 죽음으로 데려간다.

안식과 소란 사이에서
인간은 방황한다

사람들은 '지금은 바쁘지만, 언젠가 이런 자리에 오르면 편히 쉴 수 있겠지' 하고 상상한다. 그러나 이는 인간 욕망의 충족될 수 없는 본성을 망각한 태도다. 우리는 진정 안식을 원하는 듯 보이지만, 사실은 끊임없는 소란을 좇고 있을 뿐이다.

인간에게는 유흥이나 외부 활동을 갈구하는 은밀한 본능이 있다. 이는 우리 안에 지속적인 비참함이 존재함을 증명한다. 동시에 또 다른 본능이 우리 안에 살아 있다. 그것은 인간 본성의 위대함이 아직 완전히 사라지지 않았으며, 진정한 행복은 소란이 아닌 안식 속에 있다는 사실을 아는 본능이다. 이렇게 상반된 두 본능은 우리 안에 혼란스러운 내적 계획을 만들어낸다. 보이지 않는 이 계획은 우리를 소란을 통해 안식으로 향하도록 부추기고, "지금의 몇 가지 문제만 넘기면 마침내 만족에 이를 수 있다"는 착각을 끊임없이 반복하게 만든다.

도박, 오락과 같은 유흥은
우리를 속인다

　인생은 늘 어떤 장애물과 씨름하며 안식을 좇는 과정이다. 하지만 정작 그 장애물을 극복하면, 안식은 금세 '지루함'이라는 새로운 고통이 되어 돌아온다. 그래서 인간은 또다시 소란을 갈구하게 된다. 왜냐하면 우리는 언제나 지금 이 순간의 비참함이나, 곧 닥쳐올 비참함을 의식하고 있기 때문이다.

　완전한 보호를 받는 환경에서도, 권태는 우리 마음 깊은 곳에서 독처럼 스며 나온다. 인간은 지나치게 공허한 존재다. 심지어 수많은 권태의 원인에 둘러싸여 있으면서도, 당구나 공치기 같은 시시한 놀이 하나로도 기분을 전환한다.

　도박을 예로 들어보자. 어떤 사람이 매일 소액 도박을 하며 삶을 지루하지 않게 유지하고 있다면, 그에게 "오늘은 도박을 하지 않고도 이 돈을 주겠다"고 말해보라. 그는 곧 불행해질 것이다. 누군가는 "그는 돈을 원한 게 아니라 도박의 즐거움을 원한 거다"라고 말할지 모른다. 그러면 돈을 걸지 않고 도박만 시켜보라. 그는 곧 지루해질 것이다. 그는 돈이 아닌 오락, 오락이 아닌 긴장과 몰입의 대상을 필요로 한다. 인간은 그런 대상을 쥐고 있을 때만, 마치 어린아이가 더러워진 얼굴을 보고 겁내듯이 그것에 감정과 에너지를 쏟아붓는다.

기분전환 없이는
아무도 행복하지 않다

우리가 삶에 몰입하는 이유는 기분전환을 통해 잠시나마 비참함을 잊을 수 있기 때문이다. 몇 달 전 아들을 잃고, 소송에 시달리며 아침까지도 괴로움 속에 있던 사람이 있었다. 그런데 그는 여섯 시간 전부터 사냥개가 쫓는 멧돼지가 어디로 지나갈지에 온 신경을 쏟고 있다. 지금 그는 행복하다. 이처럼, 슬픔에 잠긴 사람도 오락에 몰두하면 잠시나마 행복해진다. 반대로, 아무리 행복한 사람이라도 기분전환 없이 오래 머물면 곧 슬퍼지고 말 것이다.

결국 기분전환이 없으면 기쁨도 없다. 기분전환이 있으면 슬픔도 없다. 지위가 높은 사람이 더 행복해 보이는 이유는, 그가 더 많은 기분전환 수단을 가졌기 때문이다. 그리고 그 상태를 지속할 수 있는 권력과 자원도 가졌기 때문이다.

완전한 휴식은
인간에겐 고통이다

열정도 없고, 일도 없고, 오락도 없고, 몰입할 대상도 없는 상태. 전적으로 아무것도 하지 않는 휴식 상태만큼 인간에게 참기 어려운 일은 없다.

그때 인간은 자신의 허무와 무력함, 소외감, 결핍, 종속성을 직면하게 된다. 그리고 마침내, 영혼의 가장 깊은 밑바닥에서 권태와 우울, 슬픔, 분노, 절망 같은 감정들이 하나둘씩 기어 나올 것이다.

애착을 끊으면
권태가 찾아온다

우리가 정든 일이나 삶의 자리를 떠났다가 다시 돌아올 때 느끼는 권태! 예컨대 한 사람이 가정에서 평온하게 살아가다가 마음이 끌리는 여자를 만나거나, 혹은 며칠 동안 흥겹게 놀고 나서 다시 원래의 일상으로 복귀하면, 그는 어김없이 허탈감과 비참함에 휩싸이게 된다.

이런 일은 우리가 살아가는 동안 아주 흔하게 벌어진다.

권세를 추구하는 것이
이상하지 않은 사회

'이 세상이 헛되다'는 너무도 명백한 사실은 좀처럼 인정받지 못하고, '권세를 좇는 일은 어리석다'고 말하면 오히려 이상하고 낯설게 여겨진다.

이것이야말로 얼마나 놀라운 일인가!

확신도 기쁨도,
끝내 우리 것이 되지 않는다

 우리는 진리를 갈망하지만, 그 안에서 발견하는 것은 늘 불확실뿐이다. 우리는 행복을 추구하지만, 되돌아오는 것은 비참함과 죽음뿐이다. 진리와 행복을 외면할 수는 없지만, 그 무엇도 확신할 수 없고, 그 어떤 기쁨도 끝내 붙잡을 수 없다. 이 갈망이 우리 안에 남아 있는 까닭은, 그것이 곧 우리의 벌이며, 우리가 얼마나 높은 데서 떨어졌는지를 기억하게 하려는 것이기 때문이다.

꿈도 현실처럼
우리를 흔들며 지배한다

 우리가 매일 밤 같은 꿈을 꾼다면, 그것은 우리가 낮마다 접하는 현실만큼이나 깊은 영향을 줄 것이다. 가령 한 직공(파스칼 시대에는 '직공'이 고된 현실을 사는 하층민의 대표적 표상이었다-옮긴이)이 밤마다 열두 시간 동안 왕이 되는 꿈을 반복해서 꾼다면, 왕이 매일 밤 직공이 되는 꿈을 꾼다고 해서 더 행복할 이유는 없을 것이다.

 매일 밤마다 적에게 쫓기거나 고통스러운 환영에 시달리는 꿈을 꾼다면, 혹은 여행처럼 바쁜 하루를 꿈속에서 보내고 있다면, 우리는 그것이 실제인 양 고통을 느낄 것이다. 그리고 그 고통이 너무 생생해져서, 오히려 잠에서 깨는 것보다 꿈을 꾸는 것을 두려워하게 될지도 모른다. 실제의 고통과 다르지 않은 고통을 줄 수 있기 때문이다.

하지만 꿈은 매번 달라지고, 같은 꿈이라 해도 자꾸 변형되기 때문에 그 영향력은 현실보다 훨씬 약하다. 그 차이를 만드는 것은 '연속성'이다. 현실은 꿈보다 덜 급작스럽고, 더 이어져 있기 때문이다. 물론 그 연속성은 변화가 없다는 뜻은 아니다. 단지 변화의 속도가 느릴 뿐이다.

그래서 우리는 여행 중에 갑작스런 상황을 맞이할 때 종종 이렇게 말한다. "마치 꿈같군!" 왜냐하면 인생은 결국, 변화만 덜할 뿐 꿈과도 같은 것이기 때문이다.

완전히 똑같은 건
자연엔 존재하지 않는다

　세상은 다양성으로 가득하다. 음색, 걸음걸이, 기침, 코 풀기, 재채기까지 모두가 서로 다르다. 사람들은 포도 같은 과일도 구분해낸다. 프랑스 와인의 포도 품종 이름인 뮈스카, 콩드리외, 데자르그, 접목종…. 우리는 그 차이를 알고 구별한다. 하지만 과연 그것이 전부일까? 한 가지에 똑같은 두 알의 포도가 열린 적이 있는가? 한 송이에 정확히 같은 두 알이 존재한 적이 있는가?

　나는 같은 일을 겪고도 똑같은 판단을 내린 적이 없다. 상황은 늘 조금씩 다르고, 내 감각도 언제나 달라진다. 그래서 나는 화가처럼 거리를 두고 사물을 바라보려 한다. 하지만 너무 멀어져서는 안 된다. 그런데 적당한 거리란 어느 정도일까? 그건, 당신의 감각으로 가늠해보라.

우리는 실체보다
허영을 가꾼다

우리는 자기 안에 있는 고유한 삶에 만족하지 않는다. 다른 사람의 관념 속에서 살아가는 '가공의 삶'을 더 원하고, 그 삶을 위해 주목받기를 갈망한다. 그 결과, 우리는 실체는 방치한 채 '가짜 자아'를 꾸미고, 치장하고, 보존하는 데 열중한다.

우리가 평정심이나 관용, 충실함 같은 덕목을 지니고 있다 해도, 그 덕목을 우리 안에 뿌리내리게 하기보다, 남들에게 알려지는 수단으로 삼으려 한다. 그 덕목이 '진짜 나'의 일부가 되기도 전에, 우리는 그것을 '보여주기 위한 나'에게 넘겨준다. 심지어 용감하다는 명성을 얻기 위해 기꺼이 겁쟁이가 되기도 한다.

가짜 자아 없이 존재하는 실제의 삶에는 만족하지 못하고, 실제를 버려서라도 가공의 자아를 추구하려는 이 태도는, 우리가 얼마나 본래의 자아를 무의미하게 여기는지를 보여준다. '명예를 지키기 위해 죽지 않으면 불명예스럽다'는 믿음이야말로, 우리가 얼마나 명예라는 허영에 사로잡혀 있는지를 상징적으로 잘 드러낸다.

우리는 죽음 이후에도
우리 이름이 알려지길 원한다

우리는 너무나 오만해서 온 세상에 이름이 퍼지기를 원하고, 심지어 우리가 죽은 뒤에 태어날 사람들에게까지 알려지기를 바란다.

그러면서도 너무나 공허해서, 단지 우리 곁의 몇 사람이 해주는 칭찬에도 쉽게 들뜨고 만족해버린다.

칭찬받고 싶은 건
누구나 마찬가지다

허영심은 인간 마음 깊숙이 뿌리내리고 있어, 군인도 하인도 요리사도 인부도 저마다 자신을 자랑하고 남에게 칭찬받기를 바란다. 철학자라고 다르지 않다. 반박의 글을 쓰는 사람도 글을 잘 썼다는 명성을 원하고(당대 프랑스에서는 서로의 글에 대한 반박문을 발표하는 일이 빈번했음-옮긴이), 그 글을 읽는 사람도 '그 글을 읽었다'는 자부심을 누리고 싶어 한다.

지금 이 글을 쓰고 있는 나조차도 아마 같은 바람을 품고 있을 것이다. 그리고 이 글을 읽는 당신도 어쩌면….

명예를 위해서라면
죽음도 감수한다

우리 곁에 있는 사람들에게 존경받고자 하는 욕망! 그 오만한 열망은 우리가 비참함에 빠져 있든, 분명한 오류 속에 있든 상관없이 너무나 자연스럽게 우리를 사로잡는다.

사람들이 칭찬 한마디만 해준다면, 우리는 기꺼이 목숨마저 내놓을 준비가 되어 있다. 허영, 오락, 사냥, 사교, 연극, 그리고 '명성'이라는 이름의 허깨비 같은 영속성….

인간은 존경받지 않으면
허전함을 느낀다

인간의 가장 비루한 본성은 '영예'를 좇는 데 있다. 그 영예는 곧 자신이 남들보다 우월하다는 증표이기 때문이다. 아무리 많은 것을 소유하고, 건강하고, 편안하게 살아간다 해도, 사람들의 존경을 받지 못하면 인간은 결코 만족하지 못한다. 그는 자신의 이성이 고귀하다고 믿기 때문에, 아무리 지상의 특권을 누려도 '이성의 질서' 안에서 우위를 차지하지 못하면 허전함을 느낀다.

존경받고자 하는 욕망은 인간에게 가장 유혹적인 지위이며, 어떤 유익이나 쾌락도 이 갈망을 대신할 수 없다. 이것은 인간의 마음속에서 가장 지워지기 어려운 욕망이다.

심지어 인간을 가장 멸시하고, 인간을 짐승처럼 취급하는 이들조차도 결국은 인정받고 싶어 하고, 신뢰받기를 원한다. 그들은 자신의 깊은 본능 때문에 자기모순에 빠진다. 이성으로는 인간의 천박함을 비웃지만, 그들 안의 더 강력한 본성은 여전히 인간의 위대함을 갈망하게 만든다.

비참함을 드러내며
인간은 오만해진다

모순! 인간은 자신이 지닌 모든 비참함에 맞서, 또 하나의 오만으로 균형을 맞춘다.

그는 자신의 비참함을 감추기도 하고, 때로는 오히려 드러내기도 한다. 그리고 드러낼 때는, 그것을 '스스로 알고 있다'는 사실에 자부심을 느낀다.

오만이야말로
방황하는 인간의 본성이다

오만은 모든 비참함을 덮어버리는 동시에, 그 비참함을 더욱 깊게 만든다. 이것은 기괴한 괴물이자, 방향을 잃은 인간 본성의 분명한 증거다.

오만은 제자리를 잃은 채 허공을 떠돌며, 끊임없이 자기 자리를 찾고 있다. 그리고 그 방황이야말로 인간이 끝없이 되풀이하는 삶의 방식이다. 과연, 누가 이 오만의 자리를 끝내 찾을 수 있을까?

권위 앞의 경배는
결코 진심이 아니다

"왜 당신은 저 사람을 존경하지 않느냐"고 따지듯, 그 사람이 얼마나 지체 높은 이들에게도 존경받는지를 열심히 늘어놓는 사람들을 본 적이 있는가?

그들에게 나라면 이렇게 대답하겠다. "당신이 그렇게까지 존경받는 이유를 나에게도 납득시켜주시오. 그러면 나도 마땅히 존경할 것이오."

행동의 근원은 결국 욕망과 힘이다

인간의 모든 행동은 결국 두 가지, 욕망과 힘에서 비롯된다. 욕망은 우리가 자발적으로 움직이게 만들고, 힘은 우리가 원치 않아도 움직이게 만든다.

인간은 그 어떤 공로도 없이
보상을 원하는 존재다

    인간은 정작 공로를 쌓는 일에는 익숙하지 않으면서도, 막상 공로가 있다고 생각되면 반드시 보상을 받으려 든다. 심지어 그 공로가 진짜인지 아닌지를 판별하는 일조차, 본래 신의 몫인데도 자신이 대신하려 한다.

Blaise Pascal

4장

인간이 만든 질서의 불완전함과 허상에 대하여

법은 관습 위에 세워진 일종의 허상이다

한 사람은 법의 본질이 입법자의 권위에 있다고 하고, 다른 이는 통치자의 편의에 있다고 말한다. 또 어떤 이는 현재의 관습이라고 한다. 가장 설득력 있는 설명은 마지막 것이다. 이성만을 따른다면, 그 자체로 절대적으로 옳은 법은 존재하지 않는다. 모든 법은 시대에 따라 흔들리기 마련이다. 관습은 단지 널리 받아들여졌다는 이유만으로 '정당한 것'이 되어버린다. 이것이 바로 법이 가진 신비한 권위의 근간이다.

그러나 법의 기원을 관습에서 찾으려는 사람은 아이러니하게도 그 법의 정당성을 스스로 무너뜨리게 된다. 잘못을 고치겠다는 법만큼 위험한 것도 없다.

법이 옳다고 믿는 사람은 실제로는 그 법 자체가 아니라, 자신이 생각하는 정의에 복종하는 것이다. 법은 그 자체로 하나의 완결된 구조이며, 그 이상도 이하도 아니다(파스칼은 법의 정당성이나 도덕적 근거보다 '형식적 확립 자체'를 비판적으로 조망함-옮긴이). 법의 근거를 캐묻는 사람은, 그 법이 얼마나 빈약하고 가벼운 기반 위에 놓여 있는지를 알게 될 것이다.

그리고 만일 누군가가 인간 상상력의 위대함을 직접 경험해 보지 않았다면, 그 법이 단 한 세기 만에 그토록 많은 존경과 신뢰를 얻게 된 데에 경이로움을 느낄 것이다.

다수를 따르는 건
힘의 논리 때문이다

사람들은 왜 다수를 따를까? 그들이 더 현명하거나 옳기 때문일까? 아니다. 단지 더 강하기 때문이다.

그렇다면 사람들은 왜 오래된 법과 의견을 따를까? 그것이 더 건전하거나 정의롭기 때문일까? 아니다. 단지 그것이 이미 사회의 질서로 자리 잡아, 더 이상의 충돌을 일으키지 않기 때문이다.

우리는 단지 확립된 것을
정의로 여길 뿐이다

정의란 결국 이미 확립된 것에 지나지 않는다. 따라서 우리가 가진 모든 법은, 그것이 이미 확립되었다는 이유만으로 별다른 검토 없이 정의로 받아들여진다.

법이 정의로운 것이 아니다. 단지 법이 확립되었기에 정의로 여겨지는 것이다.

타인에 대한 존경은
불편을 감수하겠다는 태도다

진정한 존경이란 "당신을 위해 불편해지겠습니다"라는 태도다. 겉으로는 과장되거나 허황된 말처럼 들릴 수 있지만, 사실 이는 매우 현실적인 정의다. 존경이란 이렇게 말하는 것과 같다. "나는 당신이 원한다면 언제든지 불편을 감수할 준비가 되어 있습니다. 비록 그 불편이 당신에게 직접적인 도움이 되지 않는다 해도, 나는 기꺼이 그것을 감내하겠습니다. 게다가 이런 태도야말로, 어른과 상층을 구별하는 데 필요한 장치이기도 하니까요."

만약 존경이 아무 불편함도 없는 편안한 행위였다면, 누구나 모두를 존경하게 되었을 것이다. 그러면 우리는 '어른'과 '고위층'을 더 이상 구별할 수 없었을 것이다. 하지만 존경은 본질적으로 불편한 일이기 때문에, 그것이 사회적 위계를 드러내는 기준이 된다.

우리는 미덕마다
다른 감정을 요구한다

우리는 각각의 미덕에 서로 다른 감정적 의무를 부여한다. 매력에는 사랑을, 힘에는 두려움을, 지식에는 신뢰를 요구한다. 이러한 감정은 그 미덕에 따르는 자연스러운 응답이기 때문에, 거부하거나 다른 감정을 요구하는 것은 부당하다.

예컨대 이런 말은 어긋난 주장이다. "나는 아름답다. 그러니 나를 두려워하라." "나는 강하다. 그러니 나를 사랑해야 한다."

반대로, 다음과 같은 말도 감정의 방향을 잘못 이해한 것이다. "그는 강하지 않으니 나는 그를 존경하지 않겠다." "그는 능숙하지 않으니 두려워할 이유가 없다."

감정은 미덕의 성질에 따라야 한다. 우리의 자의적 기준에 따라선 안 된다.

자연을 잃은 시,
장식과 말장난에 빠지다

'시적 아름다움'이라는 말을 흔히 쓰지만, 그렇다면 왜 '기하학적 아름다움' '의학적 아름다움'이라는 말은 쓰이지 않을까? 그 이유는 간단하다. 사람들은 기하학의 목적이 증명에 있고, 의학의 목적이 치료에 있다는 것을 잘 알고 있기 때문이다.

하지만 시의 목적이 무엇인지 명확하지 않다. 그 목적이 '즐거움'이라면, 그 즐거움은 무엇을 모방하여 만들어져야 하는가? 어떤 자연의 모델을 따라야 하는가? 사람들이 이 기준을 잃어버렸기에, '황금 세기' '현대의 경이' '숙명적인' 같은 모호한 표현들이 생겨났고, 그 막연함 자체를 '시적 아름다움'이라고 부르게 된 것이다(이는 17세기 프랑스 시 문체의 과도한 수사와 형식주의에 대한 비판임-옮긴이).

사소한 것을 거창하게 꾸미는 이런 기준 아래서, 어떤 사람은 거울과 사슬로 장식한 여인을 보고 웃는다. 왜냐하면 그는 시적 즐거움보다 한 여인의 즐거움이 무엇인지 더 잘 알고 있기 때문이다. 하지만 그것조차 모르는 사람은 그 여인을 찬양할 것이고, 그런 장식을 여왕의 표식이라 믿는 마을도 많을 것이다. 그래서 그 기준에 따라 쓰인 소네트를 '마을의 여왕'이라 부르는 것이다.

덕을 극단으로 추구하면
오히려 악덕이 스며든다

　우리가 덕을 어느 한쪽 방향으로 극단적으로 밀어붙이려 할 때, 그 지점에서 악덕이 모습을 드러낸다. 악덕은 때로는 '작은 무한'의 미세한 균열을 따라 조용히 덕 속으로 스며들고, 때로는 '큰 무한'에서 거대한 무리로 한꺼번에 나타난다.

　그리하여 인간은 덕의 이름으로 길을 나섰지만, 어느새 악덕의 안개 속에서 방향을 잃으며, 더 이상 참된 덕을 알아보지 못하게 된다. 그리고 우리는 결국 완전함 그 자체마저 비난하게 된다.

악덕 간의 견제가
덕을 만든다

　우리는 우리 자신의 순수한 의지나 도덕적 힘으로 덕을 지키는 것이 아니다. 대개는 서로 충돌하는 두 악덕이 팽팽히 견제하는 가운데, 그 사이 어딘가에서 덕이 유지된다. 즉 인간 내면의 선의지가 아니라, 서로를 억제하는 악덕들의 힘으로 질서와 도덕이 유지되는 것이다.

　우리는 마치 반대 방향에서 부는 두 바람 사이에 간신히 서 있는 것과 같다. 그중 하나의 바람, 즉 하나의 악덕이 사라지면 우리는 곧장 다른 악덕 쪽으로 휘말리게 된다.

인간과 문명의 흐름은
전진과 후퇴를 반복한다

　인간의 본성은 언제나 앞으로만 나아가는 것이 아니다. 우리는 한 걸음 나아갔다가 다시 물러서고, 또다시 앞으로 나아가기를 반복한다. 열이 났다가 오한이 드는 병처럼, 전진과 후퇴는 하나의 흐름 속에서 교차하며 나타난다. 오한은 열이 얼마나 강렬한지를 보여주는 징후이듯, 인간의 후퇴 역시 전진의 깊이를 드러내는 부분이다.

　세대를 거치며 이어지는 인간의 발명도 이와 같다. 또한 세상에서 선과 악이 교차하는 방식도 이와 다르지 않다.

드물고 정교한 악은
선처럼 보이기까지 한다

   악은 흔하고 쉽다. 선은 드물고 어렵다. 하지만 역설적으로, 어떤 악은 선처럼 찾기 어렵다. 그 악은 너무나 정교하고 특수해서, 오히려 선처럼 보이기까지 한다.

   악이 그 경지에 이르기 위해서는, 선에 도달할 때와 맞먹는 정신력이 요구된다. 그래서 우리는 종종 그런 고도의 악을 선과 혼동하게 된다.

중심에 가까운 자는
덜 흔들리기 마련이다

지위가 높든 낮든, 사람들은 비슷한 사건에 비슷하게 분노하고, 비슷한 열정으로 흔들린다.

그러나 큰 자는 마치 바퀴의 가장자리에 서 있는 사람 같고, 작은 자는 중심축 가까이에 있는 사람과 같다. 같은 움직임이라도, 중심에 가까운 자는 덜 흔들리는 것이다.

과도한 자유는
억압보다 더 해로울 수 있다

자유가 지나치면, 그것은 오히려 억압보다 더 해로울 수 있다. 필요한 모든 것을 가졌을 때, 우리는 오히려 아무것도 갖지 못한 것처럼 방황하게 된다.

Blaise Pascal

5장

생각하는 갈대!
비참함과 위대함 사이의 인간

생각하는 갈대,
그래서 인간은 존엄하다

인간은 자연 속에서 가장 연약한 존재, 하나의 갈대에 불과하다. 그러나 그는 '생각하는 갈대(인간의 육체적 나약함과 정신적 위대함을 동시에 드러내는 『팡세』의 핵심 개념임-옮긴이)'다.

그를 쓰러뜨리는 데 온 우주의 무기가 필요한 것은 아니다. 증기 한 줄기, 물방울 하나면 충분하다. 그러나 우주가 인간을 짓누른다 해도, 인간은 여전히 우주보다 고귀하다. 왜냐하면 인간은 자기의 죽음을 알고, 우주가 자기보다 강하다는 것도 인식하지만, 우주는 아무것도 알지 못하기 때문이다.

인간의 모든 존엄은 바로 '사유'에 있다. 우리는 이 사유를 통해 자신을 높여야 한다. 공간이나 시간처럼 우리가 결코 채울 수 없는 것들이 아니라, 바로 '생각하는 능력' 안에서 말이다. 그러니 제대로 생각하자. 그것이 바로 도덕의 출발점이다.

생각은 공간을 초월해
세계를 포괄한다

생각하는 갈대인 나는, 공간을 통해서가 아니라 사유의 능력을 통해 나의 존엄을 세워야 한다. 토지를 소유한다고 해서 그것이 곧 나에게 진정한 이득을 가져다주지는 않는다.

공간 속에서 우주는 나를 하나의 미세한 원자처럼 삼켜버릴 뿐이다. 그러나 나는 생각함으로써 그 우주 전체를 오히려 포괄할 수 있다.

자기 자신을 아는 것이
모든 지혜의 시작이다

　자기 자신을 정확히 아는 일보다 중요한 것은 없다. 그것이 진실을 밝히는 데 반드시 유용한 것은 아닐지라도, 자기 삶을 조절하고 방향을 잡는 데는 무엇보다 결정적인 역할을 한다. 그것만큼 인간에게 더 올바른 일은 없다.

인간 존재에 대한
탐구는 철학의 출발점이다

　인간은 자기 자신을 알아야 한다. 자신이 무엇인지도 모른 채 살아간다는 것은, 현실을 외면한 채 환상에 사로잡힌 삶에 다름 아니다. 인간 존재를 탐구하는 철학만이, 인간에게 고유한 가장 본질적인 연구다.

인간은 사유를 통해
존엄을 실현한다

 분명 인간은 생각하기 위해 만들어졌다. 이것은 인간의 존엄이자 미덕이다. 따라서 인간에게 주어진 첫 번째 의무는, 품위를 잃지 않고 사유하는 것이다. 진정한 사유는 자기 자신에서 출발하며, 자신을 창조한 존재와 그 목적에까지 닿아야 한다.

 하지만 지금 사람들은 무엇을 생각하는가? 그토록 본질적인 사유는 외면한 채, 춤을 추고 류트를 연주하고 시를 쓰고 달리는 일에만 몰두한다. 싸움을 꿈꾸고 왕이 되기를 바랄 뿐(파스칼은 권세욕과 명예욕이 인간 본질의 탐구를 가리는 가장 큰 장애물이라고 봄-옮긴이), 정작 '인간이 된다는 것'과 '왕이 된다는 것'의 의미는 결코 묻지 않는다.

사고는 존엄하지만
품고 있는 결함도 크다

사고란 과연 무엇인가? 인간의 모든 존엄은 사고에 깃들어 있다. 그러니 사고는 본래 감탄할 만하고 탁월한 것이다. 그런데도 사고가 멸시받는다면, 그 안에 반드시 뭔가 치명적인 결함이 있기 때문일 것이다. 실제로 사고는, 이보다 더 우스꽝스러울 수 없을 만큼 많은 결함을 품고 있다.

그 본성을 보면, 이 얼마나 위대한가! 그러나 그 결함을 보면, 이 얼마나 저속한가!

사유 없는 인간은
짐승이나 돌과 다름없다

나는 손이나 발, 심지어 머리가 없는 사람도 충분히 상상할 수 있다. 왜냐하면 머리가 발보다 더 중요하다는 것을 알게 해 주는 것은, 단지 경험일 뿐이기 때문이다.

그러나 나는 '사유'가 없는 사람은 도저히 상상할 수 없다. 그는 더 이상 인간이 아니라, 돌이나 짐승에 가까울 것이다.

기억의 망각에서
나 자신의 허무함을 배운다

나는 무언가를 기록하려 할 때, 가끔 생각이 불쑥 달아나버린다. 그럴 때마다 나는, 평소 잊고 지냈던 나의 나약함을 새삼 떠올리게 된다.

잊어버린 그 생각조차, 내게는 깊은 가르침이 된다. 나는 그 모든 순간을 통해, 나 자신의 허무함을 배우고 싶어 한다.

왜 우리는 그보다
그의 특성을 더 사랑할까?

어떤 사람이 창가에 서서 길을 바라보는 중에 내가 지나간다고 하자. 그가 나를 보기 위해 그 자리에 있었다고 말할 수 있을까? 아니다. 그는 특별히 나를 의식하지 않았다.

누군가를 그 사람의 미모 때문에 사랑한다면, 그는 과연 그 사람 자체를 사랑하는 것일까? 아니다. 만약 천연두가 그 사람의 아름다움만 앗아간다면, 그는 더 이상 그 사람을 사랑하지 않을 것이다.

사람들이 나를 판단력이나 기억력 때문에 사랑한다면, 그것이 진정 '나'를 향한 사랑일까? 그럴 리 없다. 나는 그런 자질을 잃고도 여전히 나 자신일 수 있기 때문이다.

그렇다면 '나'는 도대체 어디에 있는가? 육체 안에도, 정신 안에도 '나'의 본질은 없다. 우리는 소멸되기 쉬운 특성 때문에 사람을 사랑하지만, 정작 그 특성이 아니라면 육체나 영혼 자체를 사랑하는 것이 가능하겠는가? 사람의 영혼을, 그 어떤 특징 없이도 추상적으로 사랑할 수 있을까? 그것은 불가능하고, 어쩌면 부당하기까지 하다.

결국 우리는 사람을 사랑하는 것이 아니라, 그가 지닌 특성만을 사랑하는 것이다. 그러니 지위나 직책 같은 '빌려온 특성'으로 존경받는 사람을 함부로 경멸해서는 안 된다. 우리가 사랑하는 것도 결국 그러한 특성에 불과하기 때문이다.

비참함을 깨닫는 것이 인간의 위대함이다

인간은 자신이 비참하다는 사실을 자각한다는 점에서 위대하다. 나무는 자신의 비참함조차 모른다. 비참함을 안다는 것은 고통스럽지만, 그 비참함을 '의식한다'는 바로 그 점에서 인간은 위대하다.

오직 감정이 있는 자만이
비참함을 알 수 있다

감정이 없다면, 우리는 결코 비참해질 수 없다. 무너진 집도, 쓰러진 나무도 비참하지 않다. 비참함을 아는 존재는 오직 인간뿐이다.

동물들은 서로
미덕을 칭찬하지 않는다

동물들은 서로를 칭찬하지 않는다. 말도 마찬가지다. 자기 동료에게 결코 찬사를 보내지 않는다. 물론 달릴 때 경쟁심은 있지만, 그것은 진지한 도덕심에서 나오는 게 아니다. 아무리 착한 말이라도 마구간에서는 다른 말에게 귀리를 양보하지 않는다(본능에 충실한 동물의 한계를 비유적으로 드러낸 표현임-옮긴이). 말들에게 미덕이란 오직 자기만족일 뿐이다.

위대함과 야비함 사이에
인간 본성이 존재한다

인간의 본성은 두 가지 관점에서 이해될 수 있다. 하나는 '목적'을 기준으로 본 것이며, 이 관점에서 인간은 위대하고 탁월한 존재다. 다른 하나는 '다수성'을 기준으로 한 것으로, 말이나 개의 본성을 반복된 행동(예컨대 달리기나 공격 본능)을 통해 판단하듯, 인간 역시 그 행위에 따라 비열하고 비천한 존재로 간주된다.

이 두 관점이 인간의 본성에 대해 상반된 판단을 이끌어내며, 철학자들 사이의 끝없는 논쟁을 불러일으킨다. 왜냐하면 두 입장은 서로의 전제를 정면으로 부정하기 때문이다. 한쪽은 이렇게 말한다. "인간은 본래 그런 목적을 지닌 존재가 아니다. 왜냐하면 그 모든 행동이 오히려 그 목적에 어긋나 있기 때문이다." 그러자 다른 쪽은 이렇게 반박한다. "그렇지 않다. 인간은 그 목적에서 벗어났기에 그런 비열한 행동을 하는 것이다."

인간은 위대함과 야비함을
함께 드러낸다

　인간에게 그의 위대함은 감춘 채 짐승과 같은 모습만 보여주는 것은 위험하다. 반대로 그의 비참함은 외면한 채 위대함만 강조하는 것도 마찬가지로 위험하다.

　인간의 위대함과 야비함, 이 두 진실을 모두 무시하는 것은 더 큰 위험이다. 그러나 이 둘을 함께 보여주는 것은 진실에 가까우며, 인간을 제대로 이해하게 해준다.

　인간을 오직 짐승처럼 여겨서도, 천사처럼 이상화해서도 안 된다. 두 면모를 모두 직시하고, 함께 이해해야 한다.

인간은 자신을 사랑하고
동시에 경멸해야 한다

인간의 위대함과 비열함을 충분히 인식한 뒤, 이제 자신을 평가해보라. 자신을 사랑하라. 인간은 선을 행할 수 있는 본성을 지닌 존재이기 때문이다.

그러나 그 안에 숨어 있는 비열함까지 함께 사랑해서는 안 된다. 자신을 경멸하라. 인간은 공허한 능력을 자주 착각하기 때문이다.

하지만 그 이유로, 인간에게 본래 주어진 능력 자체까지 폄하해서는 안 된다. 자신을 사랑하되, 동시에 경멸하라.

진리를 보려면,
욕망부터 내려놓아야 한다

　인간은 진리를 인식하고 행복을 추구할 능력이 있지만, 스스로 만족시킬 변함없는 진리는 갖고 있지 않다. 그래서 나는 인간에게, 그 진리를 향한 갈망을 심어주고 싶다. 또한 그 갈망이 어떻게 인간의 열정과 욕망에 의해 흐려졌는지를 자각하게 해주고 싶다. 그리하여 진리를 제대로 찾을 수 있는 자리에서, 올바른 자세로 진리를 좇을 수 있도록 준비되기를 바란다.

　나는 인간이, 스스로를 속이고 눈을 멀게 만드는 자기 내면의 욕망을 진심으로 미워하게 되기를 간절히 바란다.

쾌락에 굴복할 때
인간은 자발적 노예가 된다

재채기는 성행위만큼이나 영혼의 모든 기능을 잠시 빨아들인다(이 내용은 당시 의학적·신학적 사고방식에서 육체적 반응이 정신적·도덕적 상태에 영향을 준다고 여긴 시각을 반영함-옮긴이). 그러나 우리는 이 두 행위를 같은 결론으로 다루지 않는다. 왜냐하면 재채기는 대부분 우리의 의사와 무관하게 일어나며, 스스로 하더라도 자의로 조절할 수 없는 반응이기 때문이다.

재채기는 그 자체를 목적으로 하는 것이 아니라, 우연한 생리현상일 뿐이다. 그러므로 재채기는 인간의 나약함을 드러내는 것이 아니며, 인간이 그것에 '예속'되어 있음을 뜻하지도 않는다.

하지만 쾌락은 다르다. 고통에 굴복하는 것은 인간에게 수치가 아니다. 쾌락에 굴복하는 것이야말로 수치다. 고통은 외부로부터 우리에게 닥쳐오는 것이고, 때로는 우리가 그것을 감내

하기도 한다. 그러나 쾌락은 우리가 스스로 추구한 것이다. 그리고 그것을 원했고, 선택했고, 마침내 지배받기를 원했다.

고통 앞에 무너지는 것은 연약함이지만, 쾌락 앞에 무너지는 것은 자기예속이다. 고통의 힘에 굴복하는 것은 때로는 영광이 될 수 있지만, 쾌락의 힘에 굴복하는 것은 반드시 수치다. 왜냐하면 쾌락은 외부의 강제가 아니라, 우리 자신이 기꺼이 따르는 유혹이기 때문이다. 영예를 가져다주는 것은 지배력과 절제이고, 수치를 불러오는 것은 스스로 택한 예속이다.

아무리 성장해도
인간의 연약함은 계속된다

자신이 더럽힌 얼굴을 보고 겁에 질리는 아이들. 그들은 아직 아이일 뿐이다. 하지만 그런 연약함이, 단지 나이를 먹는다고 해서 사라질 수 있을까? 그저 생각이 조금 달라졌을 뿐, 본질은 그대로다. 발전으로 완성되는 것은, 결국 발전에 의해 무너질 수 있는 것이기도 하다. 본래 연약했던 존재는, 결코 절대적으로 강해질 수 없다.

사람들은 말한다. "그는 자랐다." "그는 변했다." 그러나 그는 여전히 본질적으로는 같은 사람이다.

우리는 천사도, 짐승도 아닌, 단지 인간일 뿐이다

아내와 외아들의 죽음에 깊은 슬픔을 느끼고, 커다란 분쟁에 고통스러워하던 사람이 있었다. 그런데 얼마 지나지 않아, 그는 더 이상 슬퍼하지도 않고 고통이나 불안에서 완전히 벗어난 듯 보인다. 왜일까?

놀랄 필요는 없다. 지금 막 상대가 공을 넘겼고, 그는 그 공을 받아 다시 던져야 하기 때문이다. 그는 득점을 위해 공이 떨어지는 순간을 놓치지 않으려 온 정신을 거기에 집중하고 있다. 해야 할 일이 있기 때문이다. 그렇기에 그는 자신을 생각할 겨를도 없다. 지금 그의 영혼은 오직 이 게임에만 점령되어 있다. 다른 모든 생각은 머릿속에서 지워졌다.

우주를 알고, 모든 것을 판단하며, 한 나라를 다스리기 위해 태어난 이 인간이, 지금은 단지 토끼 한 마리를 쫓는 데 몰두해 있다. 그러나 만약 그가 늘 자신을 높이려 하고, 한순간도 긴장을 놓지 않으려 한다면 그는 오히려 더 어리석어질 것이다. 그는 인간성 위에 존재하려고 애쓰겠지만, 결국 그는 인간일 뿐이기 때문이다.

그는 적은 일도, 많은 일도 할 수 있다. 모든 것을 할 수도 있고, 아무것도 하지 못할 수도 있다. 그는 천사도 짐승도 아닌, 단지 인간이다.

인간은 자기 상태조차
잘 모르는 존재다

인간은 자기 자신에 대해 놀랄 만큼 무지하다. 어떤 사람은 멀쩡히 건강하면서도 죽을 거라고 믿고, 다른 사람은 죽음이 코앞인데도 열이 나고 종기가 생기려는 조짐조차 느끼지 못한 채 자신이 건강하다고 생각한다. 인간은 자기 상태조차 제대로 인식하지 못하는 존재다.

위대한 영혼은
무지를 자각한다

세상 사람들은 오히려 사물을 제대로 판단할 수 있다. 왜냐하면 그들은 '자연적인 무지' 속에 있기 때문이다. 그것이 인간이 놓여 있는 진정한 자리다.

지식에는 두 개의 극단이 있다. 첫 번째 극단은, 모든 인간이 태어나면서부터 갖는 순수하고 단순한 무지다. 두 번째 극단은, 위대한 영혼들이 수많은 지식을 거쳐 도달하게 되는 '현명한 무지'다('현명한 무지'는 중세 신학자 니콜라우스 쿠자누스의 개념에서 유래한 용어로, 인간의 인식 능력의 한계를 인정하며 신 앞에서의 겸허함을 강조하는 철학적 입장임-옮긴이). 그들은 인간이 도달할 수 있는 모든 지식의 끝에서, 결국 아무것도 알지 못한다는 진실을 깨닫고, 출발점이었던 무지로 다시 돌아온다. 그러나 이번에는 자신을 자각한 채로 돌아온다.

문제는, 이 두 극단의 사이에 있는 사람들이다. 이들은 무지에서 벗어났다고 착각하면서도, 진정한 자각에 이르지 못한 이들이다. 이들은 거만한 지식에 물들어 떠벌리고, 세상을 어지럽히며, 모든 것을 잘못 판단한다.

모든 것을 다 아는 것보다
조금씩 아는 게 낫다

　우리는 모든 것을 깊이 알 수는 없다. 그래서 오히려 모든 것을 조금씩 아는 것이 더 낫다. 한 가지를 완벽히 아는 것보다, 세상을 넓게 조망할 수 있는 보편적 통찰이 더 가치 있다. 이런 보편성이야말로 인간을 가장 아름답게 만든다.

　물론, 둘 다 가질 수 있다면 가장 좋겠지만, 선택해야 한다면 나는 이 보편성을 택하겠다. 세상도 이 점을 인정하고 있는 듯하다. 의외로, 세상은 꽤 괜찮은 판단을 내리곤 한다.

각 미덕에 맞는 의무를
지키는 것이 중요하다

　우리는 각각의 미덕에 고유한 의무를 부여한다. 매력에는 사랑을, 힘에는 두려움을, 지식에는 신뢰를 바치는 것이 당연하다고 여긴다. 이런 감정의 질서는 마땅히 존중되어야 한다. 따라서 이를 거부하거나, 전혀 다른 감정을 요구하는 것은 정당하지 않다. 각 미덕에는 그에 걸맞은 반응만이 정당하다. 억지로 다른 감정을 요구하거나, 적절한 감정을 거부하는 것은 잘못된 것이고, 비이성적이다.

　예컨대 이런 말들은 모두 잘못된 것이다. "나는 아름답다, 그러니 나를 두려워하라." "나는 강하다, 그러니 나를 사랑하라." 마찬가지로 이런 말도 잘못된 태도다. "그는 강하지 않으니, 나는 그를 존경하지 않겠다." "그는 능숙하지 않으니, 나는 그를 두려워하지 않겠다."

Blaise Pascal

6장

삶의 길을 묻는 인간에게 이성은 도착지가 아니다

늘 반복되는 자연도
때론 스스로를 어긴다

같은 결과가 반복되면, 우리는 거기에 자연적 필연성이 있다고 여긴다. 예컨대 "내일은 반드시 온다"는 식이다. 그러나 자연은 때때로 이 기대를 저버리고, 자기 고유의 법칙에조차 얽매이지 않는다.

스스로 찾은 이유가
더 설득력 있다

일반적으로 사람은 타인이 제시한 이유보다, 자신이 스스로 찾아낸 이유에 더 잘 납득한다.

좋은 정신은
생각을 자라게 한다

　자연은 서로를 모방한다. 좋은 땅에 뿌려진 씨앗이 열매를 맺듯, 좋은 정신에 심긴 사상도 결실을 맺는다. 이처럼 본질이 전혀 다른 대상조차 서로를 비추고 닮아간다. 예컨대 '수'는 공간이라는 전혀 다른 본질을 지닌 개념을 모방한다(파스칼이 '수'가 공간을 모방한다고 말한 것은 당시 수학에서 '기하적 직관'이 중요하게 여겨졌음을 반영함-옮긴이).

　이 모든 유사성과 질서는 하나의 동일한 지성에 의해 설계되고 이끌린다. 뿌리와 가지, 열매, 그리고 사상의 원리와 그 결과 역시 그러하다. 그렇기에 정신 속에서 자라는 생각 하나도 함부로 흘려보낼 수 없다. 빠져나간 생각, 나는 그것을 기록하고 싶었다. 하지만 결국 '그 생각이 내게서 달아났다'고만 적는다.

우연한 자극으로도
생각은 흔들린다

　우연은 생각을 불러오기도 하고, 사라지게 하기도 한다. 그러나 우리는 생각을 확실히 보존하거나, 의도적으로 획득할 방법을 갖고 있지 않다.

같은 자극에도 감정은 달라진다

사물에는 다양한 특성이 있고, 영혼에는 다양한 기질이 있다. 왜냐하면 영혼에 주어지는 자극은 결코 단순하지 않고, 영혼 역시 어떤 대상에게도 단순하게 반응하지 않기 때문이다.

우리가 하나의 같은 사물에 대해 때로는 웃고, 때로는 우는 것도 바로 그 때문이다.

제안의 한마디에도
판단은 쉽게 흔들린다

타인의 판단에 어떤 내용을 제안하면서도, 그 판단 자체를 훼손하지 않기란 얼마나 어려운 일인가! 예를 들어 누군가 "나는 그것이 아름답다고 생각해." 혹은 "나는 그것이 모호하다고 생각해." 같은 말을 하면, 듣는 사람은 그 말에 상상력을 더하거나, 반대로 불필요한 자극을 받을 수도 있다.

그러니 차라리 말을 하지 않는 편이 훨씬 낫다. 그러면 사람은 있는 그대로 판단할 수 있다. 즉 그 순간의 실제 상황에 따라 판단하는 것이지, 우리가 작가처럼 미리 짜놓은 연출된 상황에 반응하는 것이 아니다. 물론 침묵 역시 영향을 미친다. 사람들은 침묵 속에서도 말투, 몸짓, 표정을 읽고 나름의 해석을 더한다. 그러나 그 침묵은 최소한, 판단을 본래 자리에서 완전히 떼어놓지는 않는다. 사실, 세상에는 그렇게 견고하고 안정적인 판단이 거의 없다.

감정과 환상 앞에서
이성은 흔들린다

우리의 모든 추론은 결국 감정에 굴복하게 된다. 그런데 환상은 감정과 닮은 점도 있고 반대되는 점도 있어, 우리는 이 둘을 명확히 구별하지 못한다. 어떤 이는 자신의 감정을 환상이라 여기고, 다른 이는 자신의 환상을 감정이라 믿는다. 그래서 이를 분간할 수 있는 규칙이 필요하다.

이성은 그 역할을 자처하지만, 이성 또한 얼마든지 왜곡될 수 있다. 결국 감정과 환상을 제대로 가를 확고한 기준은 없다.

이성과 정념은
끝없는 전쟁중이다

이성과 정념 사이에는 항상 인간 내면의 전쟁이 벌어진다. 만약 정념 없이 이성만 있다면, 인간은 냉혹해질 것이다. 반대로 이성 없이 정념만 있다면, 인간은 충동에 휘둘릴 것이다. 그러나 인간은 이성과 정념을 둘 다 지녔기에, 갈등 없이 살아갈 수 없다.

한쪽과 평화를 이루려면, 다른 한쪽과는 반드시 싸워야 한다. 그래서 인간은 늘 분열되고, 스스로와 충돌한다.

자아는 중심이자
모든 갈등의 씨앗이다

　자아는 가증스러운 존재다. 당신은 자아를 감추고는 있지만, 그렇다고 완전히 없앤 건 아니다. 그러니 당신은 여전히 가증스러운 존재다. 하지만 우리가 하듯 모든 사람에게 친절하게 대한다면, 우리를 미워할 이유는 없을 것이다. 그건 사실이다. 단, 우리가 자아에서 비롯된 '불쾌함'만을 미워한다면 말이다. 그러나 내가 자아를 증오하는 이유는, 그것이 모든 것의 중심이 되려는 '부당함' 때문이다. 그래서 나는 언제나 자아를 증오할 것이다.

　간단히 말해, 자아는 두 가지 성질을 지녔다. 하나는, 자기를 모든 것의 중심에 놓으려는 '부당함'이고, 다른 하나는, 다른 사람들을 굴복시키려는 '불편함'이다. 모든 자아는 서로에게 적이며, 각자 다른 이들의 폭군이 되려 하기 때문이다.

당신은 자아의 불쾌함은 감추었지만, 그 부당함은 없애지 않았다. 그러니 당신은 자아의 부당함을 증오하는 사람들로 하여금 자아를 사랑하게 만들 수는 없다. 그저 더 이상 저항하지 않는, 무관심한 자들만 자아를 받아들이게 만들 뿐이다. 결국 당신은 여전히 부정하며, 그 부정함은 부정한 사람들만을 기쁘게 할 뿐이다.

우스꽝스런 기준도
때론 질서가 되곤 한다

　세상에서 가장 불합리한 것이, 인간의 착란으로 인해 가장 합리적인 것으로 받아들여질 때가 많다. 예를 들어보자. 한 나라의 통치자를 정하는 데 있어, 단지 왕의 장남이라는 이유만으로 선택하는 제도만큼 비합리적인 것이 또 있을까? 우리는 배를 지휘할 사람을 뽑을 때, 승선자 중에서 가장 좋은 집안 출신을 고르지는 않는다. 이 제도는 분명 우스꽝스럽고 부당하다. 그러나 인간이란 존재는 지금도 그렇고 앞으로도 변함이 없을 것이기에, 오히려 이 법은 합리적이고 정당한 것으로 받아들여진다.

　그렇다면 누구를 선택해야 하는가? 가장 덕 있고, 가장 학식 있는 사람인가? 그러면 곧바로 혼란이 벌어질 것이다. 누구나 그 '가장 덕 있는 사람'이 자기라고 주장할 테니 말이다.

그래서 이 자격은, 논란의 여지가 없는 어떤 기준에 연결시킬 필요가 있다. 그것이 바로 왕의 장남이다. 이 기준은 명백하고 누구도 이의를 제기하지 못한다. 인간의 이성은 이보다 더 잘할 수 없다. 내란이야말로 가장 큰 재앙이기 때문이다.

양극단을 채울 때에야
위대함이 드러난다

나는 극도의 능력과 극도의 관대함을 가진 에파미논다스(고대 그리스 테베의 장군으로, 파스칼은 '지적 능력과 도덕적 너그러움'의 양 극단을 품은 인물의 전형으로 언급함-옮긴이)처럼, 능력자로서의 과도한 미덕과 동시에 반대되는 과도한 미덕을 보지 못하면 조금도 찬양하지 않는다. 그렇지 않으면 위로 올라가지 못하고 아래로 떨어지는 것이기 때문이다.

사람은 하나의 극단에 있을 때 위대함을 보여주는 것이 아니라 두 극단에 동시에 접하고 그 둘 사이를 가득 채움으로써 위대함을 잘 보여준다. 그러나 이것은 아마도 한 극단에서 다른 극단으로 영혼이 갑자기 움직이는 것뿐일 수도 있다. 사실 영혼은 불씨처럼 한 점에만 있을지도 모른다. 하지만 그렇다 해도 이것은 적어도 영혼의 넓이가 아니라 영혼의 민첩성을 표시해주는 것이다.

나는 왜 지금
여기에 있는가?

내 삶이라는 짧은 순간이, 시작도 끝도 없는 영원의 시간 속에 잠겨 있다는 사실을 떠올릴 때, 나는 마치 먼 길을 떠돌다 잠시 머물다 간 나그네처럼 덧없고 희미한 존재로 느껴진다.

내가 지금 채우고 있는 이 작은 공간이, 내가 알지 못하고 또 나를 알지 못하는 무한의 공간 속에 잠겨 있다는 사실을 떠올릴 때, 나는 왜 저기가 아니라 여기에, 왜 그때가 아니라 지금 여기에 있는지, 두렵고 놀랍다. 그 어떤 이유도 없기 때문이다.

누가 나를 여기에 두었는가? 누구의 명령과 뜻으로 이 장소, 이 시간이 나에게 주어졌는가?

불안한 무지보다
차라리 착각이 낫다

어떤 것의 진실을 알지 못할 때, 인간의 정신을 잠시나마 붙잡아두는 공통된 오류가 존재하는 것은 오히려 다행이다. 예컨대 계절의 변화나 병의 진행을 달의 영향으로 설명하는 것처럼 말이다. 왜냐하면 인간의 가장 큰 병은 자신이 결코 알 수 없는 사물에 대해 불안하게 집착하는 호기심이기 때문이다(중세까지 널리 퍼져 있던 '달'과 '월경, 발작 등 건강'의 연관성에 대한 의료 미신을 예로 든 것임-옮긴이). 이런 불안한 무지 속에 머무는 것보다는, 차라리 오류 속에 있는 편이 더 낫다.

진리는 오직 한 지점에서만 제대로 보인다

너무 젊으면 제대로 판단하지 못하고, 너무 늙어도 마찬가지다. 생각이 부족하면 피상적이고, 생각이 지나치면 고집에 빠진다. 예를 들어 자기 작품을 막 끝낸 직후에 들여다보면 여전히 선입견에 사로잡혀 있고, 시간이 지나 너무 오래되면 더 이상 그 안에 들어갈 수 없다. 그림도 마찬가지다. 너무 멀리서 보거나, 너무 가까이서 봐도 안 된다.

진정한 관점은 단 하나의 정확한 점에 있다. 그 외의 모든 지점은 너무 멀거나, 너무 가깝거나, 너무 높거나, 너무 낮다.

그림에서는 '원근법'이 그 지점을 정해준다. 그러나 진리와 도덕에서는, 누가 그 자리를 정해줄 수 있는가?

실존적 고통 앞에서는
도덕이 학문보다 낫다

학문이 얼마나 헛된지를 생각하라. 외적 사물에 대한 모든 지식은, 내가 고통 속에 있을 때 도덕에 대한 나의 무지를 위로해주지 못한다. 그러나 도덕에 대한 앎은, 외적 학문에 대한 무지를 언제나 위로해준다.

인간은 대가엔 민감하고
책임엔 둔감하다

인간은 공로를 쌓는 데는 익숙하지 않지만, 공로가 있다고 여기면 즉시 보상을 요구한다.

그래서 심지어 신의 몫인 판단까지 스스로 하려 든다.

Blaise Pascal

7장

마지막 한 걸음은,
믿음이 대신 디뎌야 한다

진실은 저 너머에 있지만
인간은 보이는 것만 믿는다

사람들은 자신이 보지 못한 것에 대해선 화를 내지 않는다. 그러나 자신이 본 것이 틀렸다고는 절대 인정하려 하지 않는다. 이는 인간이 본래 모든 것을 볼 수 없다는 한계를 지닌 존재이면서도, 감각이 포착한 정보는 늘 옳다고 믿는 특유의 본성에서 비롯된 것이다. 자신이 직접 대면한 현실 앞에서는 오류를 인정하지 않는 경향이 인간에게 깊이 자리 잡고 있다.

모든 오류는
시선의 편향에서 비롯된다

상대에게 그의 생각이 틀렸다고 지적하되 유익한 충고가 되길 바란다면, 먼저 그가 사물을 어떤 관점에서 보고 있는지를 살펴야 한다. 왜냐하면 그 시각 안에서는 그의 판단이 충분히 타당할 수 있기 때문이다.

따라서 그의 입장에서 일리가 있는 부분은 인정하되, 그가 보지 못한 다른 측면에서 왜 문제가 있는지를 부드럽게 설명해야 한다. 그러면 그는 이를 받아들인다. 자신이 틀린 것이 아니라, 단지 전체를 보지 못했을 뿐이라는 사실을 납득하게 되기 때문이다.

천사를 꿈꾸다가 짐승이 되는 인간의 비극

인간은 천사도 아니고 짐승도 아니다. 그러나 불행하게도, 천사가 되려다 오히려 짐승이 되는 존재가 인간이다.

순수한 진리나 선은
세상에 존재하지 않는다

    이 세상의 모든 것은 일부는 진실이고, 일부는 거짓이다. 하지만 참된 진리는 그렇지 않다. 진리는 완전히 순수하고, 완전히 진실해야 한다.

    그러나 현실에서는 진실과 거짓이 섞이면서 진리는 흐려지고 파괴된다. 순수한 진실이란 현실에는 존재하지 않는다. 그렇다면 완전히 참된 것 또한 존재하지 않는 셈이다.

    예컨대 사람들은 "살인은 나쁘다"는 말이 진실이라고 주장할 것이다. 그럴 수 있다. 우리는 악과 거짓의 실체를 잘 알고 있기 때문이다. 하지만 무엇이 선인가? 순결? 아니다. 세상은 결국 사라질 것이기 때문이다. 결혼? 절제하는 것이 더 낫다. 살인을 하지 않는 것? 그 또한 아니다. 극심한 혼란 속에서는 악한 자들이 선량한 자들을 모두 죽일 수도 있다. 그렇다고 살인이 정당한가? 그 역시 아니다. 그것은 자연의 질서를 파괴하는 행위다.

우리는 진리도 선도 언제나 혼합된 형태로만 접할 수 있다. 선함과 악함, 진실과 거짓이 뒤섞인 채로 존재하는 세계 속에 살고 있는 것이다.

신은 믿음의 대상이지, 이해의 대상이 아니다

 신이 존재한다는 것도 이해할 수 없고, 존재하지 않는다는 것도 이해할 수 없다. 영혼이 육체와 함께 있다는 것도 이해할 수 없고, 영혼이 없다는 주장도 납득할 수 없다. 세상이 창조되었다는 것도, 창조되지 않았다는 것도 우리는 이해할 수 없다. 원죄가 있다는 것도, 없다는 것도 이성은 받아들이지 못한다.

왜 우리는 종교에 대해서만 확실함을 요구하는가?

오직 확실한 일에만 행동해야 한다면, 우리는 종교를 위해 아무것도 해서는 안 된다. 종교는 확실하지 않기 때문이다.

그러나 우리는 항해나 전쟁처럼 훨씬 불확실한 일들을 위해서도 온 힘을 다한다. 그렇다면 나는 말하겠다. "아무것도 하지 말자." 왜냐하면 사실상 세상에 확실한 것은 아무것도 없기 때문이다. 우리가 내일을 볼 수 있을지는 확실하지 않다. 그러나 내일을 보지 못할 수도 있다는 가능성은 확실하다.

하지만 종교에 대해서는 그런 식의 판단도 쉽지 않다. 종교가 참일 가능성은 분명하지 않지만, 그렇다고 종교가 거짓일 가능성이 더 명백하다고 단언할 수도 없다. 결국 종교는 확실성을 넘어선 가장 강력한 모험이다.

진정한 두려움은
신을 의심하는 데서 온다

좋은 두려움은 믿음에서 나오고, 나쁜 두려움은 의심에서 비롯된다. 좋은 두려움은 희망과 연결된다. 좋은 두려움은 믿음에서 태어나며, 우리가 신에게 희망을 걸고 있기 때문이다. 반면 나쁜 두려움은 절망과 맞닿아 있다. 이는 우리가 믿지 않는 신 앞에서도 두려움을 느끼기 때문이다.

진정한 두려움은, 신을 믿기 때문에 생기는 것이 아니라 신이 과연 존재하는지를 의심할 때 생긴다. 어떤 이는 신을 잃을까 두려워하고, 다른 이는 신을 찾게 될까 두려워한다.

이성을 거슬러 강요하는 신앙이면 안 된다

많은 사람들이 종교를 경멸하고, 심지어 종교가 진실일까 봐 두려워한다. 이 두려움을 치유하기 위해서는 먼저, 종교가 이성에 반하는 것이 아님을 보여주는 데서 시작해야 한다. 그다음, 종교가 존경받을 만한 것임을 드러내야 한다. 그래야 사람들로 하여금 종교에 대한 존경심을 품게 만들 수 있다. 그리고 종교가 사랑할 만한 것임을 느끼게 해야 한다. 그래야 선량한 사람들이 그것이 참이기를 바라는 마음을 갖게 된다. 그런 다음에야 비로소, 종교가 참되다는 사실을 보여줄 수 있다.

종교가 존경받을 만한 것은, 인간의 본성과 약함을 누구보다 정확히 이해하기 때문이다. 종교가 사랑받을 만한 것은, 우리에게 참된 행복을 약속하기 때문이다.

단순한 어린아이가 되어야
구원받을 수 있다

"너희가 돌이켜 어린아이와 같이 되지 않으면 결코 하늘나라에 들어가지 못하리라." (마태복음 18장 3절)

이 말씀은, 지혜란 성숙의 끝에서 다시 만나는 단순성과 겸손임을 보여준다. 진정한 지혜는, 결국 우리를 다시 어린아이로 되돌려놓는다.

신을 아는 자는
겸손하거나 통찰력이 있다

　신을 아는 사람은 두 부류뿐이다. 하나는, 지적 능력과 관계없이 깊은 겸손 속에서 자기 비천함을 아는 사람들이다. 다른 하나는, 어떤 반대에도 진실을 꿰뚫어볼 수 있는 충분한 통찰력을 가진 사람들이다.

행복의 근원은
내 안이 아닌 신 안에 있다

스토아학파는 말한다. "당신 자신 속으로 돌아가십시오. 그 안에 평안이 있습니다." 그러나 그것은 진실이 아니다.

또 어떤 사람들은 말한다. "밖으로 나가 기분전환을 하십시오. 거기서 행복을 찾을 수 있습니다." 이것 또한 진실이 아니다. 그 길은 병을 낳을 뿐이다.

진정한 행복은 우리 안에도, 우리 밖에도 없다. 오직 신 안에 있다. 다만 신 안에 있는 행복이 우리 밖에도, 우리 안에도 머물 수 있을 뿐이다.

진정한 위로는
자기 부정 속에서 시작된다

위로를 기대해야 할 대상은 당신 자신이 아니다. 오히려 자기 자신에게서 아무것도 기대하지 않을 때, 그제야 비로소 참된 위로가 시작된다.

우리가 다시 일으켜 세워야 할 것은, 채워지지 않는 공간이나 시간의 공허함이 아니라 이 지점, 즉 자기 비움에서부터다. 그러니 제대로 생각하려고 노력하자. 그것이 바로 도덕의 출발점이다.

신앙을 정착시키려면
습관이 필요하다

우리는 우리 자신을 오해해서는 안 된다. 인간은 정신이기도 하고, 동시에 오토마타(자동기계)이기도 하다(파스칼은 인간이 단순한 이성적 존재가 아니라, 습관과 조건반사에 의해 움직이는 기계적 존재임을 강조하고자 '오토마타'라는 당시의 기계 개념을 사용했음-옮긴이). 그러므로 우리를 설득하는 방식은 증명만으로는 충분하지 않다. 증명이란 정신만을 설득할 수 있을 뿐이다. 그러나 증명된 것은 얼마나 적은가!

진정한 설득은 습관에서 비롯된다. 습관은 오토마타를 움직이고, 오토마타는 무심결에 정신을 이끈다. 우리는 내일이 올 것이라고 믿고, 우리가 죽을 것이라고 믿는다. 그러나 그 누구도 이를 논리적으로 증명하진 않았다. 그럼에도 우리는 그것들을 의심 없이 믿는다. 바로 이것이, 습관이 가장 강력한 증명이라는 증거다.

신앙은 언제나 우리에게서 달아나려 한다. 그 신앙을 우리 안에 물들이고, 정착시키려면 습관에 기대야 한다. 이성을 통한 증명만으로는 신앙을 유지하기 어렵다. 그러니 우리는 더 쉬운 믿음, 곧 습관의 믿음을 획득해야 한다.

믿음은 이성이 아닌
감정 속에 있어야 한다

　우리가 단지 한 번의 확신으로 신을 믿는다 해도, 우리의 오토마타(습관)가 그 반대 방향으로 기울어 있다면 그것은 충분치 않다. 그러므로 우리는 우리 안의 두 존재(정신과 오토마타) 모두가 믿게 해야 한다. 정신은 한 번의 설득으로 신을 받아들일 수 있지만, 오토마타는 습관에 의해 서서히 그쪽으로 기울어져야 한다. 신이여, 내 마음을 그 방향으로 기울게 하소서!

　이성은 수많은 원리 위에서 천천히 움직이며, 늘 전체를 기억해야 하는 부담 속에서 흔들린다. 그러나 감정은 그렇지 않다. 감정은 순간적이며, 언제든 즉시 움직일 준비가 되어 있다. 그러므로 우리의 믿음은 이성보다 감정 속에 자리해야 한다. 그렇지 않으면, 믿음은 감정의 흔들림에 따라 언제든 흔들릴 것이다.

절망과 오만 사이, 예수가 길이 된다

자신의 비참함을 모른 채 신만을 아는 것은 오만에 이르게 한다. 신을 모른 채 자신의 비참함만을 아는 것은 절망에 빠지게 한다.

그러나 예수 그리스도를 아는 자는, 그 두 극단 사이에 머무르지 않는다. 왜냐하면 우리는 그 안에서, 우리의 비참함과 신의 영광을 동시에 발견하기 때문이다.

구원은 자신이 죄인임을
아는 데서 시작된다

세상에는 단 두 부류의 인간만이 있다. 스스로 죄인임을 아는 의로운 사람, 그리고 스스로 의롭다 여기는 죄인(오직 자신의 죄를 인정하고 신의 은혜를 받아들일 때만 구원에 이를 수 있다는 얀세니스트들의 핵심 교리를 반영함-옮긴이).

자기 혐오와 고통을 거쳐
구원에 이른다

예수 그리스도는 인간에게 단 한 가지를 가르치셨다. 인간은 <u>스스로를 사랑하며</u>, 노예이며, 눈멀었고, 병들어 있으며, 불행하고, 죄인이라는 사실을.

그리고 예수는 그런 인간을 구원하고, 깨우치고, 치유하고, 복되게 하셨다. 이 구원은 단 하나의 길을 통해 이루어진다. 자신을 부정하고, 자신의 비참함을 인정하며, 십자가의 고통을 따라 예수를 따르는 것.

예수 없이는 신도, 인간도, 삶도, 죽음도 알 수 없다

　우리는 오직 예수 그리스도를 통해서만 신을 알 수 있고, 우리 자신을 알 수 있으며, 삶과 죽음을 이해할 수 있다. 예수 그리스도 밖에서는, 우리의 삶도 죽음도, 신도 우리 자신도 제대로 알 수 없다.

　그러므로 예수 그리스도만을 증언하지 않는 성경이라면, 우리는 아무것도 알지 못한 채 신의 본질과 인간의 본성에 대해 끝없는 어둠과 혼란 속에 머물 뿐이다.

신은 우리 안에 있지만
우리가 곧 신은 아니다

참된 덕이란, 스스로를 부정하고 진정으로 사랑할 만한 존재를 찾는 것이다. 왜냐하면 인간은 자신의 탐욕과 교만 때문에 자기 자신을 온전히 사랑할 수 없는 존재이기 때문이다.

그러나 문제는, 우리 밖에 있는 대상 또한 온전히 사랑할 수 없다는 데 있다. 그래서 우리는 결국 '우리 안에 있으면서도 우리 자신은 아닌 존재'를 사랑해야 한다. 이 진리는 모든 인간에게 똑같이 적용된다.

그런 존재는 단 하나, 보편적 존재인 신뿐이다. 신의 왕국은 우리 안에 있다. 그 보편적 선은 우리 안에 계시지만, 우리는 그분이 아니다.

비참함의 끝에서
은혜의 문이 열린다

나는 가난을 사랑한다. 예수께서도 가난을 사랑하셨기 때문이다. 나는 부도 사랑한다. 부는 가난한 이들을 도울 수 있는 수단이기 때문이다.

나는 모든 사람에게 신의를 지키려 한다. 나에게 악을 행하는 사람에게도 악으로 되갚지 않으며, 오히려 그들이 선도 악도 받지 않는 나와 같은 상태에 이르기를 바란다. 나는 누구에게든 올바르고, 진지하며, 성실하고자 노력한다. 그리고 신께서 나에게 더 가까이 연결해준 이들에 대해, 진심 어린 애정을 품는다.

내가 혼자 있든, 누군가의 눈앞에 있든, 나의 모든 행위는 신 앞에서 이루어진다. 신은 나의 모든 것을 아시고, 나는 나의 모든 것을 신께 바친다. 이것이 나의 느낌이다. 나는 내 삶의 모든 날을 나의 구세주를 찬양하며 살고자 한다. 그분께서 이 느낌을 내게 주셨다.

그분은 약함과 비참, 탐욕과 오만, 야심으로 가득 찼던 나를 그 은혜의 힘으로 모든 악에서 벗어나게 하셨다. 모든 영광은 오직 그분의 은혜에 돌려야 한다. 나에게 있는 것은 비참함과 잘못뿐이다.

쾌락이 아닌 고통이
우리를 구원으로 이끈다

예수는 땅 위에 홀로 계신다. 그 고통을 느끼는 이도, 나눌 이도, 이해하는 이도 이 땅에는 없다. 그 고통을 아는 이는 오직 하늘과 예수뿐이다.

예수는 지금 동산에 계신다. 그러나 그 동산은 최초의 사람 아담이 인류를 타락시킨 '쾌락의 동산'이 아니라, 전 인류를 위해 고통을 감당하신 '구원의 동산'이다(여기서 말하는 두 동산은 아담이 인류를 타락시킨 에덴동산과 예수가 수난 전 기도하던 겟세마네 동산을 대비시킨 것임-옮긴이).

빛과 어둠 사이에서
신의 은혜가 드러난다

어둠이 없다면, 인간은 자신의 타락을 결코 자각하지 못할 것이다. 빛이 없다면, 인간은 치유와 구원을 결코 희망하지 않을 것이다. 그러므로 신께서 스스로를 완전히 감추지 않으시고, 또한 완전히 드러내지도 않으시는 것은 단지 정당할 뿐 아니라, 인간에게 유익한 은혜다.

자신의 비참함을 알지 못한 채 신을 아는 자는 위험하다. 신을 알지 못한 채 자신의 비참함만을 아는 자도 마찬가지로 위험하다.

신의 뜻은 단순하지만
세상이 복잡하게 뒤튼다

　세상의 기준으로 보면, 신을 따르는 삶은 가장 어려운 일처럼 보인다. 반대로 신의 기준으로 보면, 세상을 따르는 삶이야말로 진정으로 어렵다.

　세상을 따르면, 지위와 부를 좇으며 사는 것이 가장 쉽다. 그러나 그 안에서 신을 따르려 하면, 오히려 그러한 것들에 흥미를 잃는 것이 가장 어렵다. 결국 세상이 쉬워 보일수록 신을 따르는 일은 더 어렵게 느껴지고, 신을 진심으로 따르면 오히려 삶은 가벼워진다.